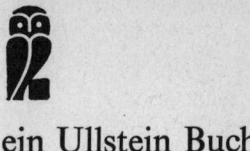

ein Ullstein Buch

Ullstein Buch Nr. 656
im Verlag Ullstein GmbH,
Frankfurt/M − Berlin − Wien

Umschlagfoto: Tele Press (Hamburg)
© 1977 by Lothar Loewe
Printed in Germany 1977
Gesamtherstellung:
Ebner, Ulm
ISBN 3 548 00656 6

CIP-Kurztitelaufnahme
der Deutschen Bibliothek

Loewe, Lothar
Abends kommt der Klassenfeind:
Eindrücke zwischen Elbe u. Oder. −
1. Aufl. − Frankfurt/M, Berlin, Wien:
Ullstein, 1977.
  ([Ullstein-Bücher] Ullstein-Buch;
  Nr. 656)
  ISBN 3-548-00656-6

Lothar Loewe

Abends kommt der Klassenfeind

Eindrücke zwischen
Elbe und Oder

ein Ullstein Buch

Inhalt

Vorwort

In den vergangenen Monaten seit meiner spektakulären Ausweisung aus Ost-Berlin bin ich häufig gefragt worden, wie ich heute mit einigem Abstand zu dem entscheidenden »Hasensatz« meines Tagesschauberichtes vom 21. 12. 1976 stehe. Im Schlußsatz dieses Berichtes hieß es: »Hier in der DDR weiß jedes Kind, daß die Grenztruppen strikten Befehl haben, auf Menschen wie auf Hasen zu schießen.« Für mich ist heute das Wesentliche, daß seit dem 21. Dezember 1976 an der deutsch-deutschen Grenze und an der Mauer in Berlin niemand mehr durch Schüsse der DDR-Grenzwachen verletzt oder getötet wurde, obwohl sie weiterhin auf Flüchtlinge schießen.

Ich bin nicht so vermessen zu glauben, daß meine deutliche Beschreibung der Lage an der Grenze in Deutschland zu einer grundsätzlichen Änderung der Waffengebrauchsbestimmungen für die DDR-Grenztruppe geführt hätte. Niemand im Westen weiß, ob die als Folge meiner Ausweisung entstandene heftige Diskussion in der Öffentlichkeit die Ostberliner Führung veranlaßt haben könnte, nachzudenken und etwa den Schießbefehl abzumildern. Ich wäre jedenfalls froh, wenn es den verantwortlichen Politikern der beiden deutschen Staaten gelänge, eine Grenzregelung zu finden, die die unmenschliche Gewaltanwendung mitten in Deutschland ausschließt. Ich hoffe, daß an dieser Teilungslinie niemand mehr durch Geschoßgarben, Minen oder Selbstschußanlagen getroffen wird. Sofern diese Hoffnung Gewißheit werden würde, fiele es mir leichter, die ungerechtfertigte Ausweisung aus der DDR zu ertragen.

Das Thema der Gewaltanwendung an der innerdeutschen Grenze habe ich in meiner Fernsehberichterstattung aus Ost-Berlin häufig aufgreifen müssen. Ich habe diese Frage im vertraulichen Gespräch mit manchem hohen Funktionär diskutiert. In meinen Berichten habe ich mich bemüht, nicht nur die Zuschauer möglichst korrekt und umfassend zu informieren, sondern ich sah den Sinn meiner Tätigkeit auch darin, zum besseren Verständnis zwischen den Deutschen in Ost und West beizutragen. Die Vermutung einiger Leute, ich hätte meine Ausweisung absichtlich provoziert, ist Unfug.

Für mich war die Fernsehberichterstattung aus der DDR, über

die DDR, in die Bundesrepublik und damit auch in die DDR eine der wichtigsten journalistischen Aufgaben, die mir jemals übertragen wurde. Die DDR war zwar nie ein Staat, mit dem ich mich identifiziert habe, aber ich empfinde nach wie vor zu vielen Menschen dort drüben, gleichgültig welche politischen Anschauungen sie vertreten, ein Gefühl der Verbundenheit, des Verständnisses und der Sympathie.

Viele Bundesbürger wissen zuwenig über das Leben ihrer Landsleute und über die Entwicklung in der DDR. Mit unseren Dokumentationen »Menschen in der DDR« im Jahre 1975 und »Die BRD ist für mich Ausland« 1976 hatten wir gerade die ersten Zeichen für eine erweiterte DDR-Berichterstattung im Fernsehen gesetzt. Die eigentliche Schwierigkeit für den Fernsehkorrespondenten in der DDR besteht darin, bei bestimmten Ereignissen gezwungen zu sein, über brisante Themen zu berichten, die in der Bevölkerung Aufsehen erregen und bei den Spitzenfunktionären Unbehagen auslösen. In einer politisch kritischen Situation helfen dem Fernsehkorrespondenten weder Opportunismus noch taktisches Verhalten weiter. Es ist seine Pflicht, das zu berichten, was vorgeht.

Es war nie mein Wunsch, irgendwo ausgewiesen zu werden, weder aus Moskau noch aus Ost-Berlin, aber ich habe mich von der Drohung der Ausweisung auch nicht einschüchtern lassen. Die politischen Bedingungen, unter denen das ARD-Studio-DDR vor allem in der zweiten Hälfte des letzten Jahres arbeiten mußte, waren ungewöhnlich kompliziert. Ereignisse wie die Erschießung des italienischen Lastwagenfahrers Corghi, die Selbstverbrennung von Pfarrer Brüsewitz, das Schicksal der Bürgerrechtsbewegung von Riesa, die Ausbürgerung von Wolf Biermann und der Hausarrest von Professor Robert Havemann waren für meine Kollegen und mich mit Erlebnissen verbunden, die uns seelisch belasteten. Wir alle, Sekretärinnen, Kameramänner, Toningenieure, Kraftfahrer und Korrespondenten waren häufig genug physisch und psychisch am Ende unserer Kraft. Vielleicht wäre es besser gewesen, manchmal Atem zu schöpfen und einige Tage freizunehmen. Aber welcher Korrespondent, der es mit seinem Gewerbe ernst meint, fährt schon in Urlaub, wenn die Lage in seinem Berichtsgebiet gespannt ist.

Die folgenden Kapitel werfen ein Schlaglicht auf die Entwicklung der Beziehungen zwischen den beiden deutschen Staaten, sie bieten einen Hinweis auf die Schwierigkeiten und die Möglichkeiten der Fernsehberichterstattung aus dem anderen Deutschland. Mein Dank gilt meinen Kollegen und Mitarbeitern, ohne deren Tatkraft und Unterstützung diese Berichterstattung gar nicht möglich gewesen wäre. Mein Dank gilt aber ganz besonders den vielen DDR-Bürgern, ob in offizieller Funktion oder privat, die mir ihre verständnisvolle Hilfe zuteil werden ließen.

Mit der Ausweisung eines Korrespondenten ist die Fernsehberichterstattung aus der DDR nicht beendet. Meine Nachfolger werden sie fortsetzen. Die journalistische Tätigkeit im anderen Deutschland zwischen Elbe und Oder ist heute Bestandteil einer Entwicklung, die wir Entspannungspolitik nennen. Für den Erfolg dieser Politik, die den Deutschen in Ost und West zugute kommen soll, brauchen wir Ausdauer, Geduld und ein wohldurchdachtes Konzept.

Berlin im September 1977

Nässender Nebel lagerte über der Piste, bald setzte auch Schnee-regen ein und verschlechterte die Sicht noch mehr. Nur undeutlich war erkennbar, worauf wir, eine Gruppe fröstelnder Journalisten und Funktionäre auf dem DDR-Zentralflughafen Berlin-Schöne-feld, warteten: Zunächst sahen wir einen vagen Punkt, dann ein dunkles Etwas, schließlich die Umrisse einer Maschine, die zur Landung ansetzte.

Gespannt starrten wir in den Nebel, denn uns war ein histori-sches Ereignis angekündigt worden: Zum erstenmal in der qual-vollen Geschichte der deutsch-deutschen Beziehungen sollte eine Maschine der Bundesluftwaffe auf dem Territorium der Deutschen Demokratischen Republik landen.

Und nun rollte sie heran, die vierstrahlige Düsenmaschine des Typs Jet-Star mit dem schwarz-rot-goldenen Bundesemblem und der Kennziffer 01–11 neben dem schwarzen Balkenkreuz. Das Flug-zeug kam allmählich zum Stehen, eine Treppe wurde herangescho-ben. Dann tauchte der Kopf eines westdeutschen Luftwaffenoffi-ziers in der geöffneten Luke auf, und kurz darauf betrat Egon Bahr, Staatssekretär im Bundeskanzleramt, die Gangway. Ich schaute auf die Uhr: Es war 9.35 Uhr an diesem Donnerstag, 18. November 1971.

Ich war von der Szene so fasziniert, daß ich das Surren der Fern-sehkamera kaum hörte. Ich sah nur, was unmittelbar vor meinen Augen geschah: Karl Seidel, Leiter der Abteilung »BRD« im DDR-Außenministerium, trat auf Bahr zu und schüttelte ihm die Hand.

Was die beiden Männer dabei sprachen, habe ich längst verges-sen. Dennoch wird mir die Szene in Schönefeld immer in Erinne-rung bleiben, setzte sie doch für viele Menschen einen neuen An-fang.

Sie signalisierte nicht nur den Beginn einer weiteren Verhand-lungsrunde zwischen den beiden deutschen Staaten, die schließlich zum Abschluß der deutsch-deutschen Verkehrs- und Grundlagen-verträge führte, sie eröffnete zugleich die erste Berichterstattung westdeutscher Medien aus Ost-Berlin.

Auch für mich bedeutete dieser 18. November 1971 einen Beginn: Ich startete zu einem journalistischen Abenteuer, das mich manche Höhen und Tiefen, viele Erfolge und Enttäuschungen in der DDR erleben lassen sollte. Und Egon Bahr, der in Schönefeld dem DDR-Diplomaten Seidel die Hand reichte, hatte dazu beigetragen, mich für das »Abenteuer DDR« zu interessieren.

In Moskau hatte alles begonnen, auf dem Höhepunkt der Verhandlungen über den deutsch-sowjetischen Gewaltverzichtsvertrag im Winter 1970. Ich war damals Moskauer Fernsehkorrespondent der Arbeitsgemeinschaft der öffentlich-rechtlichen Rundfunkanstalten der Bundesrepublik Deutschland (ARD) und hatte zuweilen den Unterhändler Egon Bahr und dessen Mitarbeiter zu Gast. Bei einem Linsenessen, Egon Bahrs Leibgericht, diskutierten wir, wie es praktisch aussehen würde, wenn es zu einer Normalisierung der Beziehungen zwischen der Bundesrepublik und der DDR gekommen sei. Würden dann auch westdeutsche Journalisten in der DDR zugelassen sein? Bahr meinte ja. Da sagte ich ihm, diese Aufgabe könnte faszinierend sein! Korrespondentenberichterstattung aus dem bisher verschlossenen Teil Deutschlands – das hatte es noch nicht gegeben, das war Neuland, war eines der letzten großen Abenteuer für einen bundesdeutschen Fernsehjournalisten. Eine verlockende Idee: endlich einmal den westdeutschen Fernsehzuschauern zu zeigen, wie die Deutschen im anderen Teil des Landes lebten, wie sie mit ihren Problemen fertig wurden.

Bis zu diesem Zeitpunkt gab es keine regelmäßige Berichterstattung. Die Medien in der Bundesrepublik mußten sich mit Aufzeichnungen aus dem DDR-Fernsehen im Stil von Thilo Kochs »Roter Optik« oder mit Filmen findiger Einzelgänger (wie Wolfgang Venohr von »stern tv«) begnügen. Jetzt sah Bahr eine Möglichkeit, aus erster Hand über den anderen deutschen Staat zu informieren. Natürlich wußte ich, daß es schwer sein würde, angesichts einer Mauer DDR-offiziellen Mißtrauens normale journalistische Arbeit in Ost-Berlin zu leisten. Ich baute jedoch auf wachsendes Selbstbewußtsein und Eigeninteresse der DDR-Führung. Schließlich mußte es DDR-Funktionäre geben, die die Notwendigkeit spürten, ihren Staat allmählich zu öffnen und der weltweiten Entspannungspolitik anzupassen.

Als ich Ende 1970 turnusgemäß Moskau verließ, meldete ich

meine Kandidatur für Ost-Berlin an. Die Leitung der ARD ließ durchblicken, daß ich für den Posten des ersten Fernsehkorrespondenten in der DDR vorgemerkt sei. Das alles klang noch reichlich hypothetisch, denn die Verhandlungen zwischen Bonn und Ost-Berlin über eine Normalisierung der Beziehungen hatten sich nach Unterzeichnung des Viermächteabkommens über Berlin im September 1971 festgefahren.

Erst Anfang Oktober 1971 kamen die Verhandlungen über ein Transitabkommen in Gang. Bahr und der DDR-Unterhändler Michael Kohl verhandelten abwechselnd in Bonn und Ost-Berlin. Noch aber war es fast unvorstellbar, als Reporter auf die andere Seite der Mauer zu gehen und die Ereignisse am Rande der Konferenzen mit der Fernsehkamera festzuhalten.

Exjournalist Bahr räumte seinen einstigen Kollegen die ärgsten Hindernisse beiseite. Am 21. Oktober einigte er sich mit Kohl darauf, daß jeweils zwei Vertreter der Nachrichtenagenturen beider Staaten Arbeitsmöglichkeiten am Tagungsort der Konferenz erhielten: die Männer des DDR-eigenen »Allgemeinen Deutschen Nachrichtendienstes« (ADN) im Bonner Bundeskanzleramt, ihre westdeutschen Kollegen von der »Deutschen Presse-Agentur« (dpa) im Ostberliner »Haus des Ministerrates«. Für die beiden dpa-Männer, die an jedem Konferenztag mit ihren bundesdeutschen Pässen die Sektorengrenze passieren durften, war der Weg nach Ost-Berlin frei. Im Haus des Ministerrats fanden sie nicht nur telefonische Sonderverbindungen nach dem Westen vor, sondern auch Obst, Zigaretten und Kaffee für Arbeitspausen.

Was der dpa zugestanden worden war, wollten natürlich auch andere bundesdeutsche Medien in Anspruch nehmen. Auch die ARD bewarb sich um Arbeitsmöglichkeiten für die Zeit der Verhandlungen in Ost-Berlin. Am 27. Oktober 1971 war es geschafft. Die ARD ließ verlauten, sie habe »zum ersten Mal von den DDR-Behörden die Erlaubnis erhalten, in Ost-Berlin zu drehen«.

Zur gleichen Zeit erhielt ich von der ARD den Auftrag, mit einem Kamerateam über die nächste Runde der Bahr-Kohl-Verhandlungen in Ost-Berlin zu berichten. Erwartungsvoll fuhr ich mit meinen Kollegen in den Ostsektor. Die ARD mußte – für jede einzelne Einreise – Angaben über Lebensdaten, Paß- und Autonummer von Korrespondent und Kameramännern an das Außenministerium der DDR kabeln, ehe die Einreisepapiere ausgestellt wurden, die dann an der Sektorengrenze bereitlagen und uns die Fahrt nach Ost-Berlin freigaben. Mißtrauisch beschlagnahmten die DDR-Grenzer unsere westlichen Zeitungen und musterten die technische Ausrüstung, alles wollten sie erklärt haben, jedes Mitbringsel erläutert bekommen. Für die Ausfuhr belichteten Filmmaterials waren Zollbescheinigungen erforderlich, die ebenfalls das Außenministerium ausstellte.

Dennoch waren wir rechtzeitig zur Stelle, als Egon Bahr am 18. November 1971 einen besonderen deutsch-deutschen Coup landete. Dazu hatte ihn unfreiwillig Michael Kohl inspiriert, der mit einer Maschine der DDR-Fluggesellschaft »Interflug« nach Köln geflogen war – zur Demonstration der DDR-Souveränität. Bahr drehte nun den Spieß um und landete mit einem Luftwaffen-Jet in Berlin-Schönefeld. Bahr: »Nun wollen wir mal sehen, wie souverän die sind.«

Die Genossen reagierten nicht sonderlich souverän. Kaum war die Maschine gelandet, da wurde sie auch schon hinter eine entlegene Flugzeughalle gezogen, unerreichbar für neugierige Passanten. Auch die Besatzung der Maschine bereitete den DDR-Offiziellen Kummer: Der Pilot, Oberstleutnant Götz-Adolf Stentzler, und die beiden Mitglieder seiner Crew wurden nicht in der Stadt, sondern am Rande des Flughafens, im »Mitropa«-Hotel einquartiert.

Selbst das genügte den DDR-Funktionären noch nicht. Auf mich kam ein Beamter zu, der eine »dringliche Bitte« hatte. Es war der Mann, der bei meiner künftigen Arbeit in der DDR noch eine entscheidende Rolle spielen sollte: Rolf Muth, Jahrgang 1929, gebürtiger Thüringer, Journalist (er begann bei der SED-Zeitung »Freies Wort« in Suhl), damals Mitarbeiter und zeitweilig stellvertretender Leiter der Abteilung »Journalistische Beziehungen« im Außenministerium, jetzt in der Presseabteilung der DDR-Mission in Bonn. Muth steuerte die »Betreuer«, die das Ministerium den Journalisten aus dem Westen attachiert hatte. Er bat, das ARD-Team möge den Spaziergang der drei Bundeswehrsoldaten durch Ost-Berlin nicht filmen. Das war in der Tat ihre größte Sorge: Die drei Männer des Jet-Star würden am hellichten Tag in voller Bundeswehrmontur durch die Straßen der DDR-Hauptstadt schlendern. Doch die Soldaten ersparten den Gastgebern die Peinlichkeit. Den alliierten Viermächtestatus respektierend, legten sie für den Stadtgang Zivil an. Doch auch so konnten sie keinen Schritt gehen, ohne von ihren Betreuern begleitet zu werden.

Keine Aufmerksamkeit erregen, keine menschlichen Begegnungen zulassen, keine Spontaneität dulden – das schien die Parole der DDR-Offiziellen zu sein. Muth und seine Mitarbeiter achteten strikt darauf, daß wir nur Bahr und die Verhandlungsdelegation ablichteten. Andere »journalistische Vorhaben« (DDR-Jargon) wie Reportagen über den Weihnachtseinkauf waren tabu. Nichts fürchteten die Funktionäre mehr als Straßenbefragungen westdeutscher Fernsehjournalisten in Ost-Berlin.

Unsere Betreuer zuckten zusammen, wenn der alte, schwerbeschädigte Pförtner im »Haus der jungen Talente«, das man als Pressezentrum eingerichtet hatte, in die von wartenden Journalisten frequentierte Kneipe »Zur Letzten Instanz« oder auf die Parochialstraße humpelte und uns lauthals zurief: »Herr Wiessner, das ZDF ist am Gerät – Herr Loewe, Hamburg für Sie!«

Die auffällig-unauffälligen Aufpasser sorgten dafür, daß uns nicht viele Helfer wie dieser kontaktfreudige Urberliner assistierten. Manchmal bereitete es uns sogar Mühe, den Kordon der DDR-Staatsschützer um Bahrs Quartier, das wiederaufgebaute Kronprinzenpalais auf der Prachtstraße Unter den Linden, zu durchdringen, um den bundesdeutschen Unterhändler zum verabredeten Informationsgespräch zu erreichen. Bahrs Referent, Legationsrat Antonius Eitel, mußte dann geduldig den am Portal postierten DDR-Sicherheitsbeamten davon überzeugen, daß es seine Richtigkeit habe, Journalisten ins Gästehaus des Ostberliner Magistrats einzulassen. Inmitten von Möbeln im Stil des Gelsenkirchener Barock und Kunst des Sozialistischen Realismus trafen wir Bahr beim Frühstück. Während Kellner im Frack mit weißen Handschuhen das Gedeck für die Gäste auflegten, beantwortete Bahr unsere Fragen. Er zeigte sich immer verständnisvoll, informativ und hielt stets druckreife Sprüche bereit. Vor einer im Palaishof stehenden Plastik des DDR-Künstlers Gerhard Thieme, die einen schreibenden Jungen darstellt, spottete Bahr: »Der übt, solange ich hier bin, schon die Paraphe.«

Ganz anders sein Gegenspieler: Michael Kohl wich den Journalisten damals aus. Zugeknöpft wie seine Mitarbeiter (DDR-Protokollchef Frahse wagte allenfalls einmal ein freundlich-unverbindliches »Ich glaube, die Herren sind bald am Ende«), ging Kohl gegenüber Journalisten auf Distanz. Zum erstenmal erfuhr ich, wie unangenehm DDR-Funktionären spontane, nicht vorher abgesprochene Fragen sind.

Übrigens ist es eine Legende, Bahr und Kohl hätten während der Verhandlungsrunden zuweilen im Palais Unter den Linden Schach gespielt. Bahr schilderte uns, wie mühselig es für ihn war, den DDR-Unterhändler »aufzulockern«. Michael Kohl pflegte bei jeder Verhandlungsrunde zunächst einmal im Stil des SED-Zentralorgans »Neues Deutschland« die Position der östlichen Seite polemisch und vor allem langatmig vorzutragen. Erst ganz allmählich gelang es dem Bonner Verhandlungsführer, seinen DDR-Partner auf den Kern der Sache einzustimmen. Oft genug stöhnte Egon Bahr: »Mein Gott, sind die verkrampft!«

Doch einmal interviewten wir Kohl etwas ausführlicher vor der Kamera. Das war am 11. Dezember 1971 auf dem Flughafen Schönefeld.

Lothar Loewe: »Herr Staatssekretär Kohl, Sie sind immer ein gutinformierter Mann: Mitglied des Ministerrates« – »Nein, bin ich nicht.« – »Nun gut, beim Ministerrat, aber wir haben eine Frage, die nicht direkt zu Ihren Verhandlungen gehört.«

Staatssekretär Kohl: »Ich kenne die Frage schon. Sie sollten sie lieber unterlassen.«

Loewe: »Glauben Sie, daß es noch eine Weihnachtsregelung geben wird?« (Es handelt sich um ein in Aussicht genommenes Besucherabkommen für West-Berlin.)

Kohl: »Wissen Sie, wir waren zu sehr viel Entgegenkommen bereit, und es ist außerordentlich bedauerlich, daß eine Seite, die nicht mein Verhandlungspartner ist, aber die Sie ja kennen, dieses Entgegenkommen nicht beachtet hat. Wir haben wirklich versucht, bis zur letzten Stunde, die Dinge noch durchzusetzen. In dem ND-Artikel steht nicht ohne Grund, es wurde Tag und Nacht gearbeitet, und wenn einige Leute glauben, mit überspitzten Forderungen

16

Dinge durchsetzen zu können auf Kosten der Souveränität der DDR, dann irren sie sich. Es liegt nicht bei uns, diejenigen, die das verursacht haben, sitzen nicht weit von hier in einem angrenzenden Gebiet, und sie sollten sich Gedanken darüber machen, daß ähnlicher Unfug in Zukunft unterbleibt.«

Loewe: »Aber Herr Kohl, jetzt ist doch alles unter Dach und Fach, beide Abkommen sind paraphiert.«

Kohl: »Ich bin nicht bereit, mich dazu weiter zu äußern. Sie werden diese Fragen an einen berufeneren Mund und an berufenerem Ort stellen können, ich habe Ihnen gesagt, was dazu zu sagen war.«

Wiessner (ZDF): »Herr Bahr, was halten Sie davon?«

Staatssekretär Bahr: »Ich habe auch noch mal mit Herrn Staatssekretär Kohl darüber gesprochen, denn wir haben in der Tat ja wirklich alle möglichen und denkbaren Anstrengungen unternommen, um zu einer Zeit fertig zu werden, von der wir wußten und von der auch andere Beteiligte wußten, daß sie notwendig sein würde, als ein technischer Vorlauf. Dies ist nicht geschafft worden, und nun sieht es in der Tat so aus, daß – da es nicht geschafft worden ist – es auch nicht mehr zu schaffen ist. Die Zeit ist nicht mehr zurückzuholen.«

Loewe: »Herr Dr. Kohl, wann glauben Sie, werden Sie soweit sein, daß Sie den Verkehrsvertrag, den allgemeinen Verkehrsvertrag zwischen der Bundesrepublik und der DDR paraphieren?«

Kohl: »Nun, ich glaube, wir haben erst mal das Ziel, den Vertrag zu unterschreiben, den wir heute paraphiert haben.«

Loewe: »Heißt das, Sie setzen die Verhandlungen so lange aus, bis erst die Unterschrift erfolgt ist?«

Kohl: »Wissen Sie, wir setzen nichts aus, aber Herr Bahr ist ein bißchen müde, und ich muß sagen, eine kleine Erholungspause . . .«

Bahr: »Also, wir haben nicht das Gefühl, faul gewesen zu sein und haben das Gefühl, man kann jetzt zunächst mal die Unterschrift machen und dann vielleicht auch die Feiertage mal in Ruhe hinter sich bringen, und dann sehen wir weiter.«

Wiessner: »Wann glauben Sie denn, daß die beiden innerdeutschen Vereinbarungen unterschrieben werden können?«

Bahr: »Herr Wiessner, das Abkommen zwischen den Regierungen der DDR und der Bundesrepublik wird unterschrieben werden können, wenn noch ein paar Voraussetzungen erfüllt sind, die Herrn Kohl nicht interessieren, sondern die von unserer Seite erforderlich sind. Ich hoffe, daß ich im Laufe der nächsten Woche darüber Klarheit haben werde. Jedenfalls möchte ich dies noch vor Weihnachten hinter mich bringen.«

Wiessner: »Wo würden denn die Unterzeichnungen vorgehen?« »In Bonn.«

Loewe: »Glauben Sie, daß Sie in absehbarer Zeit in die Verhandlungen über den Generalvertrag zwischen den beiden deutschen Staaten eintreten können? Ich bin sicher, Sie wollten erst den allgemeinen Verkehrsvertrag abschließen, aber haben Sie Zeitvorstellungen?«

Kohl: »Wissen Sie, das Stichwort ›Generalvertrag‹ ist ein Begriff Ihrer Seite.«

Loewe: »Wie würden Sie diesen Vertrag nennen?«

Kohl: »(undeutlich!) ... ich rede im Moment nicht von einem Vertrag. Ich bin der Ansicht, nicht nur ich, sondern auch meine Regierung seit Jahr und Tag, daß es notwendig ist, die ... zwischen diesen beiden voneinander unabhängigen deutschen Staaten anständig, vielmehr rechtsgemäß so zu ordnen, wie es zwischen souveränen Staaten üblich ist. Wann dies möglich ist, liegt nicht bei uns, haben wir gemerkt, sondern das liegt in einem Entwicklungsprozeß auf der Seite, die Herr Bahr zu vertreten hat. Ich glaube, wir sollten jetzt erst einmal zur Unterzeichnung dieses Abschnittes kommen, dann können wir uns an den Verkehrsvertrag heranmachen, und ich nehme an, daß ein gewisser Umdenkungsprozeß in bestimmten Kreisen auch leitender Persönlichkeiten der westdeutschen Seite, in Zukunft auch Dinge möglich machen wird, die wir seit Jahren für richtig und für notwendig halten.«

Bahr: »Also, erst mal bin ich natürlich traurig darüber, daß hier Fragen gestellt werden, die überhaupt nichts mit der Aktualität zu tun haben, sondern sehr weit in die Zukunft vorauseilen. Aber das ist Ihre Sache. Aber zum anderen muß ich doch sagen, wenn nur eine Seite umdenkt, reicht es nicht. Da müssen in der Tat beide ein bißchen umdenken, und wir haben ja angefangen.«

Kohl: »Aber Herr Bahr, das ist, wenn überhaupt zwischen der

DDR und der Bundesregierung nur völkerrechtliche Beziehungen bestehen werden. Jetzt schweife ich mal ein wenig in biblische Sphären ab, so sicher, wie das Amen in der Kirche und die einen möchten's schneller, die anderen langsamer, manche möchten's gar nicht, aber es wird kommen.«

Bahr: »Da bin ich ganz anderer Meinung. Die Beziehungen zwischen den beiden Staaten müßten darauf beruhen – a), daß die Verträge in gleicher Weise gültig sind wie zwischen allen anderen Staaten der Welt. Wir müssen außerdem das Faktum berücksichtigen, daß es vier Mächte gibt, die noch Kompetenzen für Deutschland als Ganzes haben und, und sie sollten, wenn sie klug sind, auch noch den dritten Faktor berücksichtigen, daß die Menschen in beiden Staaten nun mal zueinander und füreinander anders empfinden als das zu allen anderen der Fall ist.«

Loewe: »Kurzum, könnten Sie sich freundschaftliche Beziehungen zwischen der DDR und der Bundesrepublik vorstellen?«

Kohl: »Nun, wir haben 20 Jahre lang feindliche gehabt, sie sind auch jetzt nicht gerade sehr erfreulich, obwohl ich mit Herrn Staatssekretär Bahr sehr sachliche und faire Verhandlungen führen konnte. Gott, unmöglich ist es nicht, aber es würde dann schon ein ganzes Weilchen dauern.«

Bahr: »Das glaube ich auch.«

Wiessner: »Die Verhandlungen, die erst mit Herrn Bahr geführt worden sind, gelten die so etwa als Annäherung auf dem Wege zu einer möglichen Freundschaft zwischen den beiden deutschen Staaten?«

Kohl: »(undeutlich!) ... friedlich koexistieren, ... haben wir ja einen gewaltigen Schritt voran getan.«

Bahr: »Erst mal nebeneinander normal versuchen zu existieren, und wenn das eine Weile gut funktioniert, dann entwickeln sich, wenn wir Glück haben, Vertrauen und Freundschaft. Aber es ist noch weit, weit, weit hin.«

Wiessner: »Haben Sie einen Zeitbegriff?«

Bahr: »Nee, das machen dann andere nach mir.«

Loewe: »Aber etwas Mißtrauen wurde abgebaut?«

Bahr: »Ja, das glaube ich doch! Zwischen den Verhandlungsführern auf jeden Fall.«

»Herzlichen Dank.«

Die Verhandlungen nahmen einen erfolgversprechenden Verlauf, immer stärker glich Bahr in seiner glückverheißenden Jagd zwischen Bonn und Ost-Berlin, zwischen Gäste- und Ministerratshaus der Figur aus Walter Mehnerts Spottvers:

Die Linden lang! Galopp! Galopp!
Zu Fuß, zu Pferd, zu zweit!
mit der Uhr in der Hand
und dem Hut auf'm Kopp,
keine Zeit, keine Zeit, keine Zeit!

Zuweilen warfen Bahrs Mitarbeiter den frierenden und wartenden Journalisten, denen im abendlichen Ost-Berlin die Zigaretten ausgegangen waren, aus dem Verhandlungssaal ein paar Päckchen zu – für uns ein Zeichen, daß die Unterhändler gut voran kamen. Bald konnten Bahr und Kohl ihren ersten Erfolg verbuchen: Am 17. Dezember 1971 unterzeichneten sie das Transitabkommen, einige Monate danach den Verkehrsvertrag und im Dezember 1972 den Grundlagenvertrag.

Wir dokumentierten jede Phase dieses mühevollen Weges, doch unsere Arbeitsbedingungen blieben beschränkt und ärmlich: keine Sujets außerhalb des Konferenzthemas, keine Straßenbefragungen oder unpolitischen Reportagen. Nicht einmal zum feierlichen Akt der Unterzeichnung des Grundlagenvertrages im Haus des Ministerrats am Molkenmarkt mochte das Regime den Journalisten entgegenkommen. Etliche Journalisten aus dem Westen, die zur Feier anreisen wollten, wurden an der Grenze gestoppt, andere blieben in dem Absperrungsring stecken, den Volkspolizisten und Beamte des Staatssicherheitsdienstes um das Haus des Ministerrats gezogen hatten. Man merkte es ihnen deutlich an: Sie befürchteten, neugierige Ostberliner könnten Bahr ähnlich zujubeln wie einst die Erfurter dem Bundeskanzler Willy Brandt im März 1970. Die Mächtigen des Regimes wußten nur zu gut, welche Erwartungen, ja euphorische Stimmung unter DDR-Bürgern die Ankündigung vom Abschluß des Grundlagenvertrages ausgelöst hatte.

Davon bekamen wir selbst am Schauplatz der Vertragsunterzeichnung etwas zu spüren. Die ARD wollte die Zeremonie in einer Live-Sendung übertragen und hatte zu diesem Zweck die Hilfe der DDR-Post in Anspruch genommen, deren Techniker für uns Monitore und Mikrophone im Zeremoniensaal aufbauten. Die DDR-Techniker arbeiteten gerne für uns. Einer raunte mir zu: »Wissen Se, wenn wir wat zu sagen hätten, würden wir nur noch für die ARD die Strippen ziehn.« Die Aufpasser waren stets um uns herum. Neben mir saßen Karl-Eduard von Schnitzler, der Chefpropagandist des DDR-Fernsehens, und Heinz Grote, Mitbegründer der »Aktuellen Kamera« (Gegenstück zur »Tagesschau« der ARD) und späterer Fernsehkorrespondent in Bonn.

Als ich in meiner Einleitung zu der Live-Übertragung die scharfen Absperrungsmaßnahmen am Molkenmarkt schilderte, hörte Grote aufmerksam zu und tuschelte mit seinem Nebenmann Schnitzler. Prompt ließ der Chef des »Schwarzen Kanals« in seine Reportage die Bemerkung einfließen, die Journalisten vom Westfernsehen betrieben schon wieder »entspannungsfeindliche Hetze und Verleumdung«.

Wer will es uns bundesdeutschen Journalisten verargen, daß auch wir von der Euphorie des deutsch-deutschen Neubeginns angesteckt waren? Manchem schien es, als gebe es doch noch Wege, die Deutschen in Ost und West in irgendeiner Form wieder zusammenzubringen, ihnen zumindest das Gefühl zu geben, Menschen einer deutschen Nation zu sein.

Solche Überlegungen haben mich wohl bewegt, als ich in der folgenden internationalen Pressekonferenz Kohl die Frage stellte, ob er einen Deutschen aus Frankfurt am Main als Ausländer betrachten würde. Kohl antwortete gereizt: »Ich betrachte ihn jedenfalls nicht als Inländer.« Kohl mußte gespürt haben, wie brisant die Frage war, denn er tat darauf etwas Ungewöhnliches. Vor allen meinen Kollegen richtete er an mich die Frage, was denn für mich ein DDR-Bürger aus Frankfurt an der Oder sei. Meine Antwort: Zunächst sei dieser Mann ein Bürger des anderen Staates, er sei in Frankfurt/Oder auch nicht Bundesbürger, vor allem aber sei er »für mich ein Deutscher«.

Ich konnte damals noch nicht wissen, wie sehr diese gegensätzliche Auffassung später meine Arbeit in der DDR beeinflussen und behindern sollte. Daß einer nicht die amtliche These von der sozialistischen Sonderexistenz der DDR-Nation akzeptierte, ja an die Unteilbarkeit der gesamtdeutschen Nation glaubte und sie sogar in vielen Fernsehberichten aus eben dieser DDR belegte – das machte meinen späteren Sündenfall aus.

Damals freilich schien solcher Konflikt noch fern, gerade die Journalisten sahen zunächst nur die einzigartigen, ungeahnten Möglichkeiten, die der Grundlagenvertrag bot. Denn er öffnete den Journalisten die gesamte DDR. Zu dem Grundvertrag gehörten auch zwei Briefe, in denen Bahr und Kohl den Journalisten des Partnerstaates freie, ungehinderte Arbeit in dem jeweiligen anderen Staat zusicherten. »Die Deutsche Demokratische Republik«, so schrieb Kohl unter dem 8. November 1972, »gewährt im Rahmen ihrer geltenden Rechtsordnung Journalisten aus der Bundesrepublik Deutschland und deren Hilfspersonen das Recht zur Ausübung der beruflichen Tätigkeit und der freien Information und Berichterstattung.« Dann kamen die entscheidenden Punkte: »Für ständige Korrespondenten wird zugesichert:

das Recht auf gleiche Behandlung wie Korrespondenten anderer Staaten,

bei beruflicher Niederlassung das Recht der jederzeitigen Ein- und Ausreise mit allen üblichen Verkehrsmitteln,

Arbeits- und Bewegungsmöglichkeiten in der Deutschen Demokratischen Republik einschließlich der unverzüglichen Übermittlung von Nachrichten, Meinungen und Kommentaren,

die Benutzung der Mittel der Nachrichtenübertragung, welche normalerweise der Öffentlichkeit zur Verfügung stehen,

das Recht, die der Öffentlichkeit und den Publikationsmedien allgemein zugänglich gemachten amtlichen Informationen zu erlangen und Auskünfte von den dazu beauftragten Personen und Behörden bzw. Organen einzuholen,

das Recht zum Mitführen der zur persönlichen Berufsausübung notwendigen Gegenstände, Materialien und Unterlagen.«

Das klang wie eine Magna Charta für jedwede journalistische Arbeit in der DDR. Kein Wunder, daß Westdeutschlands Redaktionen, Rundfunk- und Fernsehanstalten keine Zeit verlieren mochten, ihre Korrespondenten nach Ost-Berlin zu entsenden.

Jetzt kam die Stunde, auf die wir zwei Jahre lang gewartet hatten. Im Januar 1973 bestimmte mich die Chefredakteurskonferenz der ARD einstimmig zum Fernsehkorrespondenten in der DDR, und fast zur gleichen Zeit trat unter dem damaligen NDR-Intendanten Gerhard Schröder eine ARD-Kommission zusammen, die mit Ost-Berlin über Einrichtung und Arbeitsbedingungen eines Redaktionsbüros verhandeln sollte.

Der Leiter des NDR-Funkhauses Hannover, Helmut Reinhardt-Bischof, führte die ersten Gespräche mit den Pressefunktionären Ost-Berlins. Sie gerieten rasch in eine Sackgasse. Die Männer aus Rolf Muths Abteilung zeigten keine sonderliche Lust, den Kohl-brief in die Wirklichkeit umzusetzen. Vor den ARD-Unterhändlern türmten sie ein Hindernis nach dem anderen auf, als wolle die DDR Kohls schriftliche Zugeständnisse wieder rückgängig machen. Bald ließ denn Ost-Berlin auch deutlich durchblicken, wie wenig das Regime an einer freien unbehinderten westdeutschen Berichterstattung aus der DDR interessiert war. Just zur Leipziger Frühjahrsmesse 1973 veröffentlichte die DDR-Regierung eine schon am 21. Februar erlassene Verordnung samt Erster Durchführungsbestimmung »über die Tätigkeit von Publikationsorganen anderer Staaten und deren Korrespondenten in der Deutschen Demokratischen Republik«.

Verordnung und Durchführungsbestimmung verpflichteten fremde Korrespondenten in der DDR, Reisen über die Stadtgrenze Ost-Berlins hinaus vorher im DDR-Außenministerium anzumelden, staatliche Behörden, Wirtschaftsbetriebe und Genossenschaften nicht ohne vorherige Genehmigung des Ministeriums zu besuchen und Interviews mit »führenden Persönlichkeiten« nur über das Ministerium anzubahnen. Außerdem: Paragraph 5 der Verordnung hielt die Korrespondenten an, »wahrheitsgetreu, sachbezogen und korrekt zu berichten sowie keine böswillige Verfälschung von Tatsachen *zuzulassen*«.

Wer dagegen verstieß, hatte mit empfindlichen Strafen zu rechnen. Paragraph 2 der Ersten Durchführungsbestimmung legte fest: »Bei Verletzung der im § 5 Abs. 1 der Verordnung . . . genannten Grundsätze . . . können vom Leiter des Bereiches Presse und Information des Ministeriums für Auswärtige Angelegenheiten folgende

Maßnahmen getroffen werden:

Verwarnung des Korrespondenten,

Entzug der Akkreditierung oder der Arbeitsgenehmigung und die Ausweisung des Korrespondenten aus der Deutschen Demokratischen Republik,

Schließung des Büros des Publikationsorgans.«

Das hatte es in anderen Ostblockstaaten bis dahin noch nicht gegeben: daß festgelegt wurde, einen Korrespondenten auch für Artikel oder Sendungen seiner entfernten Heimatredaktion zu bestrafen.

Bonn nahm die Journalistenverordnung nicht widerspruchslos auf. Am 21. 3. 73 wurde die DDR-Verhandlungsdelegation in Bonn gefragt, wie sie das Verhältnis zwischen dem gemeinsamen Briefwechsel über die journalistische Tätigkeit in den beiden deutschen Staaten vom 8. 11. 72 und der DDR-Verordnung von 21. 3. 73 werte. DDR-Abteilungsleiter Meyer hat in aller Klarheit bekundet, daß die Verpflichtungen aus dem Briefwechsel durch die DDR-Verordnung nicht beeinträchtigt werden können. Dies hat der stellvertretende Regierungssprecher Grünewald noch am selben Tage vor der Bundespressekonferenz in Bonn bekanntgegeben. DDR-Staatssekretär Dr. Michael Kohl bestätigte den Sachverhalt 24 Stunden später in der Presse in Ost-Berlin. Meyer hatte ausführlich erklärt, die DDR kenne keine »Sippenhaft«. Seine Regierung werde »bei der Anwendung der Verordnung die unterschiedlichen Standpunkte zum Inhalt des Briefes der Pressefreiheit weitgehend berücksichtigen«.

Die DDR-Vertreter spielten die zentrale Bedeutung des »Maulkorberlasses«, wie westdeutsche Zeitungen die DDR-Verordnung nannten, herunter.

Auch Muth wollte uns Journalisten – wir trafen ihn auf der Leipziger Messe – glaubhaft machen, die Verordnung sei nur »eine Formalie«, habe keinerlei praktische Bedeutung und werde keineswegs die Berichterstattung westdeutscher Medien behindern.

Die ARD-Verhandlungskommission (und eine ähnliche Abordnung des ZDF) unternahm den Versuch, auf eigene Faust dem künftigen DDR-Team der Rundfunk- und Fernsehanstalten praktikable Arbeitsbedingungen zu sichern. In einem Papier, an dessen

24

Vorbereitung ich mitgewirkt hatte, waren die Essentials unbehinderter Korrespondentenarbeit formuliert worden: unzensierter Hin- und Hertransport des Filmmaterials über die Sektorengrenze, Unabhängigkeit von der DDR-Post, Zulassung eines insgesamt 13 Personen umfassenden ARD-Arbeitsstabes mit einem Korrespondenten für das Fernsehen, zwei Korrespondenten für den Hörfunk, dazu einem ständigen Kamerateam und einem Reserveteam für Urlaub und Krankheitsfälle.

Ebenso wichtig war, daß der ARD zugestanden wurde, in Ost-Berlin ausreichende Büroräume für ihre DDR-Vertretung mieten zu können. Außerdem sollten genügend Sekretärinnen für das ARD-Büro und nicht zuletzt ein Fahrer mit Wagen zugelassen werden, der jederzeit in der Lage sein mußte, Filmmaterial aus der DDR zu unserer Produktionsbasis, dem SFB in West-Berlin, zu bringen. Die Pressefunktionäre der Abteilung »Journalistische Beziehungen« brauchten zwei Jahre, ehe sie die Vorschläge der ARD-Unterhändler akzeptieren mochten.

Mal erregte die Mitwirkung des im Osten verlästerten SFB bei dem ARD-Projekt Anstoß, mal die Forderung nach einem Fahrer. Auch die vorgeschlagenen Journalisten bereiteten den DDR-Herren Unbehagen. Muth und seine Kollegen kannten meine Fernsehberichte aus Moskau, und es gefiel ihnen wohl nicht, was ich über die Sowjetunion berichtet hatte. Diskret erkundigte man sich, ob die ARD nicht einen anderen Fernsehkorrespondenten vorschlagen könne, doch die ARD blieb hart und ließ sich nicht vorschreiben, wen sie zu entsenden wünschte.

Ein Zufall wollte, daß sich auch der DDR-Spion und Kanzlergehilfe Günter Guillaume für meine künftige Arbeit interessierte. Wir hatten uns nach einer kleinen Panne kennengelernt: Willy Brandt war im Dezember 1973 mit der Bahn nach West-Berlin gekommen und hatte dabei einen Koffer mit Schlafanzug und Oberhemden verloren; der Koffer war im Zug geblieben, der nach Ost-Berlin weitergerollt war. Guillaume fuhr nach Ost-Berlin und kam überraschend schnell mit dem Gepäckstück wieder zurück.

Kurz darauf, als ich ein Fernsehinterview mit Brandt vorbereitete, zog mich Guillaume in ein Gespräch über die DDR. Dabei erzählte er mir, daß seine Mutter in Ost-Berlin lebe. Ich fragte ihn, ob er sie oft besuche. Darauf Guillaume: »Um Himmels willen, wo denken Sie hin, das darf ich nicht. Ich bin doch Geheimnisträger.« Mein Angebot, bei Fahrten nach Ost-Berlin gelegentlich ein Päckchen für seine Mutter mitzunehmen, lehnte er ab – zum Glück für mich, wie sich später herausstellte.

Im Juli 1974 verstiegen sich die Herren der Abteilung »Journalistische Beziehungen« bereits zu der Behauptung, ich hätte wiederholt die Rechtsordnung der DDR verletzt. Anlaß der Klage waren einige für mich unangenehme Vorkommnisse, die Muths Kollegen gegen mich aufgebracht hatten. Die gerade anrollende Welle der Feiern zum 25. Jahrestag der DDR-Gründung hatte mich auf die Idee gebracht, einen Bericht über Kienitz zu filmen, das im Januar 1945 als erstes Dorf westlich der Oder von sowjetischen Truppen besetzt worden war und seither als eine Art Geburtsstätte der sowjetischen Besatzungszone und späteren DDR galt. Anfang Mai 1974 erhielt ich von der Abteilung »Journalistische Beziehungen« die Genehmigung, in Kienitz zu drehen. Das Ministerium schickte uns einen Mitarbeiter der Presseagentur »Panorama DDR«, ohne den wir keinen Schritt unternehmen durften. Die Panorama-Mitarbeiter sind meist höfliche und diskrete Helfer; einige benehmen sich allerdings manchmal so aufdringlich, als hätten sie gerade die Grundschule des Staatssicherheitsdienstes absolviert.

Nun ergab sich für uns ein Problem: Das Außenministerium hatte das Visum für das ARD-Team zeitlich so eng begrenzt, daß uns praktisch für die Filmarbeiten nur zwei Tage blieben. Um keine Zeit zu verlieren, fuhr ich mit dem Kameramann ohne Panorama-Begleiter nach Kienitz zu einer Vorbesichtigung – ein normaler Vorgang bei Fernsehreportagen. Das DDR-Außenministerium muß davon erfahren und sofort Meldung gemacht haben, denn augenblicklich intervenierte die Abteilung »Journalistische Beziehungen«. Deren Mitarbeiter Dr. Claus erteilte mir einen Verweis: Die selbständige Besichtigungsfahrt nach Kienitz sei nicht zulässig gewesen.

Wir ließen uns dennoch in unserer Arbeit nicht beirren. Es wurde ein verständnisvoller Bericht über das Leben eines DDR-Dorfes; wir würdigten die unerhörten Aufbauleistungen des bei Kriegsende zu 80 Prozent zerstörten Ortes, es fehlte aber auch nicht an recht nüchternen Stimmen. Ich fragte Bauarbeiter, was für sie der 25. Jahrestag der DDR bedeute. Ein Arbeiter: »Wir kriegen auch nicht mehr Geld. Ist ein Tag wie jeder andere.«

Kienitz-Bürgermeister Emil Krüger war stolz auf den Wiederaufbau seiner Gemeinde und freute sich, daß zu ihnen inzwischen häufiger Besucher aus dem Westen kämen. Anschließend lud er das ganze Team zu einem zünftigen Bauernfrühstück ein.

Die Kienitz-Reportage wurde am 16. Mai 1974 in der SFB-Sendung »Kontraste« ausgestrahlt. Anschließend zeigte der Sender einen Film über das westdeutsche Grenzstädtchen Roetgen, dem es ähnlich wie Kienitz ergangen war: Es war im Herbst 1944 von Truppen der westlichen Alliierten besetzt worden. Daraus ergaben sich bemerkenswerte Aufschlüsse über die unterschiedliche Entwicklung zweier deutscher Ortschaften.

Das aber war den Aufpassern im DDR-Außenministerium nun auch wieder nicht recht. Prompt bedeutete mir ein Mitarbeiter der unvermeidlichen Abteilung, ich würde in Zukunft keine Drehgenehmigung mehr erhalten, wenn die ARD die Absicht habe, solche »Systemvergleiche« fortzusetzen.

Kurz darauf revanchierten sich die Genossen auf ihre Art. Ich wollte in einer Reportage beschreiben, wie DDR-Bewohner das Pfingstfest verleben, und hatte dazu im Außenministerium beantragt, im märkischen Rheinsberg filmen zu dürfen. Das war genehmigt worden. Ein Betreuer, ein »Schriftsteller« namens Kuhl, sollte zu unserem Team stoßen. Ich sollte Kuhl am 2. Juni, dem Pfingstsonntag, um 8 Uhr in der Halle des Ostberliner Interhotels »Unter den Linden« abholen. Das Team war rechtzeitig da, doch Kuhl kam nicht. Wir warteten eine halbe Stunde. Dann fuhr ich ins Außenministerium, in dem ich jedoch keinen zuständigen Beamten erreichen konnte. Um unser Filmprojekt nicht zu gefährden, fuhren wir ohne Begleiter nach Rheinsberg.

Dort, wo die Mark Brandenburg am schönsten ist, so berichtete ich damals, 90 Kilometer nordwestlich von Berlin, liegt Schloß Rheinsberg. Eine Stätte romantischer Verklärung für die, die an Tucholskys Bilderbuch für Verliebte denken, ein Kapitel preußischer Geschichte für jene, die Fontanes »Wanderungen durch die Mark« nachvollziehen. Über dem von Knobelsdorff und Langhanns vor 200 Jahren erbauten Schloß, umgeben von schattigen

Bäumen und der stillen Fläche des Sees, liegt an Regentagen ein Schleier märkischer Melancholie.

Die Spuren Friedrichs des Großen und seines Bruders Prinz Heinrich, die hier einst lebten, sind längst verweht. Der Obelisk zur Erinnerung an gefallene Soldaten des Siebenjährigen Krieges, auf dessen Medaillons die Köpfe von 28 preußischen Heerführern prangten, ist demoliert ... Vergangenheitsbewältigung in der DDR.

Schloß Rheinsberg, heute ein Sanatorium, beherbergt über 100 Zuckerkranke. Patienten, die sich hier vier Wochen lang kostenlos erholen. Schloß und Stadt – seit Jahrzehnten ein beliebtes Erholungsziel – wurden zu Pfingsten wieder von vielen Touristen aus beiden Teilen Deutschlands besucht. Die Kurtaxe kostet vom dritten Tag an 30 Pfennig täglich, Rentner und Gewerkschaftsmitglieder zahlen die Hälfte. Privatquartiere sind rar. Die Übernachtungsbetten verteilt der FDGB. Für die Bürger der DDR sind Besucher aus dem Westen keine Rarität mehr. Ein Zeichen innerdeutscher Normalisierung!

Wir hatten noch nicht 20 Minuten lang gefilmt, da brauste Volkspolizei-Oberwachtmeister Heise vom Vopo-Kreisamt Neuruppin auf einem Motorrad heran und richtete uns aus, das Ministerium für Auswärtige Angelegenheiten habe mit sofortiger Wirkung die Dreharbeiten in Rheinsberg verboten.

Heise drohte: »Wenn Sie der Anordnung nicht Folge leisten, muß ich gegen Sie und Ihre Mitarbeiter Maßnahmen einleiten.« Als ich den Polizisten fragte, was er vorhabe, antwortete er verlegen, da müsse er erst einmal rückfragen. Wir wollten keinen Ärger haben und hielten uns an das Drehverbot. Wir fuhren nach Ost-Berlin zurück. Als es wiederum nicht gelang, einen zuständigen Herrn des Außenministeriums oder bei Panorama zu erreichen, wollten wir nach West-Berlin zurückfahren. Am Kontrollpunkt Heinrich-Heine-Straße kam es jedoch zu einem neuen Rencontre. Die DDR-Zöllner bestanden darauf, unseren Kamerawagen zu durchsuchen, obwohl wir eine komplette Liste der mitgeführten Geräte und Materialien vorwiesen. Mein Protest wurde ignoriert. Die Zollbeamten drohten daraufhin, die Kassetten mit den unbelichteten Filmen zu beschlagnahmen; ich verweigerte deren Herausgabe. Da schaltete sich ein Grenzoffizier ein: Er riet uns, den Kontrollpunkt zu verlassen und noch einmal zu versuchen, mit dem Außenministerium in Verbindung zu kommen. Das gelang dann endlich, und nun erfuhren wir auch, was geschehen war. Kuhl erklärte mir, Treffpunkt am Morgen sei nicht das Hotel »Unter den Linden« gewesen, sondern das Hotel »Stadt Berlin«, in dem er auch termingerecht gewartet habe. Also hatte das Außenministerium uns beiden zwei völlig verschiedene Treffpunkte angegeben.

Zufall oder Absicht? Jedenfalls sagte ich Betreuer Kuhl sehr deutlich die Meinung. Mir kamen weitere Bedenken, als ich Kuhls Verhalten bei anderer Gelegenheit beobachtete, denn der Panorama-Mann wurde uns auch später wieder zugeteilt. Damals, im Juli 1974, ging es um Filmarbeiten bei der Ostseewoche in Rostock.

Diesmal hatte man sich etwas anderes gegen uns ausgedacht. Volkspolizisten ignorierten die vom Außenministerium ausgegebenen Presseschilder für die drei Fahrzeuge des ARD-Teams. Wo immer wir parken wollten, tauchten Volkspolizisten mit der stereotypen Behauptung auf: »Sie mißachten die Verkehrsordnung der DDR.«

Betreuer Kuhl, der sonst seinen Ausweis mit »magischer Wirkung«, wie er stolz sagte, zu zücken wußte, verfolgte solche Begegnungen betont uninteressiert. Er griff auch nicht ein, als ein Volkspolizist unseren Kameramann anfuhr, »gefälligst die Hände aus den Taschen zu nehmen«. Mein Kollege verbat sich »diesen Kommißton«. Kuhl blieb auch tatenlos, als uns am letzten Tag der Dreharbeiten in Rostock und Warnemünde die später so vertrauten Wagen mit den betont unauffälligen Herren von der Staatssicherheit folgten. Stets waren wir unter Aufsicht der »Staatsorgane«.

Auch auf der Rückreise nach Westdeutschland gab es wieder Ärger. Da unser Film über die Ostseewoche von der Tagesschau ausgestrahlt werden sollte, mußten wir uns beeilen, ihn möglichst rasch in die Hamburger Tagesschauzentrale zu bringen. Unser Kameraassistent hatte den Filmtransport übernommen. Er fuhr zum Grenzkontrollpunkt Selmsdorf bei Lübeck. Obwohl er ordnungsgemäße Papiere und eine Zollausfuhrbescheinigung des DDR-Außenministeriums besaß und auf die Eilbedürftigkeit seiner Fahrt hinwies, ließen sich die DDR-Zöllner Zeit. Sie durchsuchten ihn umständlich und tasteten sogar den Benzintank seines Wagens ab. Nur mit Mühe erreichte der Film Hamburg, gerade noch rechtzeitig vor dem Beginn der 20-Uhr-Tagesschau. Nach meiner Rückkehr aus Rostock und Warnemünde protestierte ich bei Muth – ohne Ergebnis.

Inzwischen hatten sich die Unterhändler der ARD und des DDR-Außenministeriums geeinigt. Im Dezember 1974 erhielt ich von der Regierung der Deutschen Demokratischen Republik das Agrément als erster Fernsehkorrespondent der ARD in Ost-Berlin, zur gleichen Zeit wurde die Einrichtung eines ARD-Büros in der DDR-Metropole genehmigt. Der Weg zu einer kontinuierlichen aktuellen Fernsehberichterstattung über das andere Deutschland war frei – und doch konnte ich noch nicht sofort anfangen.

Es fehlte noch jede Voraussetzung: Zimmer, Studios, Geräteräume, Telefone, Fernschreiber. Ich war im Sommer 1974 gemeinsam mit dem NDR-Verwaltungschef Dr. Ohlendorf beauftragt worden, mit dem zuständigen Dienstleistungsamt der DDR über die Anmietung von Büroräumen zu verhandeln, doch es schien einfach in Ost-Berlin keine Räume für westdeutsche Journalisten zu geben. Selbst als wir erfahren hatten, daß die ARD in einem neuen, noch nicht fertiggestellten Bürohaus unterkommen würde, verzögerte sich die Besichtigung des Rohbaus immer wieder. Wir wußten nur so viel, daß es der Neubau in der Schadowstraße 6 war, nahe dem Bahnhof Friedrichstraße, vorgesehen ausschließlich für Ausländer.

Endlich konnten wir einziehen. Im ersten Stock lagen neun Räume: ein Geräteraum für Kameraausrüstungen, ein Zimmer für den Fernseh- und je eines für die Hörfunkkorrespondenten, Räume für Sekretärinnen, Fernschreiber und ein Aufenthaltsraum. Inzwischen hatten auch andere westdeutsche Journalisten ihre Büros bezogen. dpa-Korrespondent Dietmar Schulz war schon im Herbst 1973 als erster Bundesdeutscher in Ost-Berlin akkreditiert worden und saß mit seinen zwei Fernschreibern in der Clara-Zetkin-Straße. ZDF-Korrespondent Hans-Jürgen Wiessner, im November 1974 zugelassen, war auf der Rückseite unseres Hauses ebenfalls in der Clara-Zetkin-Straße (Haus 6 ist ein Eckhaus) eingezogen. Im Januar 1975 kam Hörfunkkorrespondent Wolfgang Nette, auch Jörg R. Mettke vom SPIEGEL war bereits da.

Anfang April 1975 luden Wiessner und ich zu einer Einstandsparty in den Räumen des späteren Diplomatenklubs in der Schadowstraße. DDR-Diplomwirtschaftler Generaldirektor Manfred Hoffmann stellte Kellner und Cocktailhäppchen, die Gastgeber lieferten die Getränke. Der feierliche Start der westdeutschen Fernseh- und Rundfunkberichterstattung aus der DDR endete mit einem soliden Besäufnis, vor allem dank der Eigenart, mit der Hoffmanns Kellner Drinks mixten: Ein Glas Gin plus einem Schuß Tonic gleich Gin Tonic, der Whisky erhielt einen Spritzer Soda. Die Ost-West-Geographie geriet ins Wanken. Ein ARD-Chefredakteur verließ das Haus mit dem Ruf: »Ich fahre jetzt zum Müggelsee!« Der Koch des Diplomatenklubs (»Kollegen, auf nach West-Berlin«) konnte nur mit Mühe daran gehindert werden, in seiner Arbeitskleidung die Grenzabfertigung am Bahnhof Friedrichstraße anzusteuern. In dem Trubel der heißen Aprilnacht aber entging uns nicht, daß kaum einer der eingeladenen DDR-Funktionäre erschienen war. Auch der Leiter der Abteilung »Journalistische Beziehungen« fehlte. Nur Muth und ein Kollege hatten kurz einmal hereingeschaut, bald waren sie wieder verschwunden.

»Schön, daß Sie hier sind!« – Eindrücke zwischen Magdeburg und Rügen

Hoteldirektor Klaus Wenzel eilte geschäftig herbei, um seinen Gästen die Honneurs zu machen. Sowjetische Diplomaten, darunter auch Botschafter Jefremow, DDR-Funktionäre und auch ein paar westdeutsche Journalisten drängten in die im 19. Stockwerk gelegene Sky-Bar des Interhotels »Neptun« im Ostseebad Warnemünde und genossen bei westlicher Tanzmusik die erlesenen Delikatessen, die Wenzel anbieten ließ. Die Partys im »Neptun« bildeten den gesellschaftlichen Höhepunkt der Ostseewoche.

Ich hatte mich auf einem Barhocker niedergelassen und beobachtete die Tanzpaare: Funktionäre mit dem Parteiabzeichen am Sakko, die Damen etwas zu füllig im »Geblümten«, auch ein paar jüngere Urlauber, offenbar gut verdienende Ärzte, Ingenieure und Wissenschaftler mit gutaussehenden sonnengebräunten jungen Damen in eleganter Garderobe aus den Exquisitläden. Dazwischen Genossen von der Staatssicherheit mit ihren Sekretärinnen, zur Abschirmung der sowjetischen Freunde und anderer ausländischer Gäste eingesetzt. Der Barmixer erzählte ungeniert DDR-Witze: »Warum sind die Männer in der DDR so müde? Weil es bei uns seit 30 Jahren ununterbrochen bergauf geht.« Neben mir saßen einige Funktionäre aus dem Ostberliner Regierungsapparat, die wußten, daß ich der künftige ARD-Fernsehkorrespondent in der DDR war. Einer von ihnen, ein für DDR-Verhältnisse etwas zu elegant gekleideter Mann mit einem Bürstenhaarschnitt, lud mich zu einem Drink ein. Meine DDR-Eindrücke interessierten ihn (»Nun, wie gefällt es Ihnen bei uns?«) wohl nicht zufällig. Er nannte sich Markstein und gehörte zur Protokollabteilung des DDR-Außenministeriums; westliche Diplomaten hielten ihn allerdings für einen Offizier des Staatssicherheitsdienstes.

Im Verlaufe des Gespräches drehte ich mich einmal um und sah durch die großen Fenster, die den Blick auf das nächtliche Warnemünde freigaben. Mir bot sich ein gespenstischer Anblick: Tief unten, am Wasser, tasteten die Suchscheinwerfer der Grenztruppen wie Leuchtfinger den Strand nach Flüchtlingen ab. Die Band spielte den Song »California Here I Come«. Markstein hatte meinen Blick bemerkt. »Seh'n Sie, lieber Herr Loewe«, sagte er,

»wir haben hier alles unter Kontrolle. Wir haben auch in Berlin alles unter Kontrolle. Wo wir hinkommen, haben wir immer Vorfahrt. Auf gute Zusammenarbeit!« Er setzte ein Lächeln auf, das er wohl für besonders undurchsichtig hielt, und hob sein Whiskyglas. Ich verstand die Warnung nur allzugut. Sie war nicht die erste dieser Art. Auch später begegnete ich Markstein regelmäßig auf offiziellen Cocktailpartys. Er und andere Funktionäre ließen deutlich das tiefe Mißtrauen spüren, mit dem das Regime die Tätigkeit der Korrespondenten aus der Bundesrepublik verfolgte. Das änderte sich auch nicht nach meiner Zulassung als Korrespondent im Dezember 1974, im Gegenteil: Wir hatten das Gefühl, daß es in der DDR-Führung Personen gab, die längst bereuten, im Grundlagenvertrag der Tätigkeit westdeutscher Korrespondenten in der DDR zugestimmt zu haben. Mal waren es die langwierigen Verhandlungen mit dem Dienstleistungsamt über die Zuteilung einer Dienstwohnung (ich erhielt eine in der Leipziger Straße mit Blick auf die Ruinen des alten Gendarmenmarktes), mal waren es die Ermahnungen des Außenministeriums, niemals ohne seine Genehmigung mit DDR-Behörden zu verkehren: Stets sollten wir uns nur als geduldete Fremdlinge fühlen.

Auf die Schaltung einer Rundfunksprechleitung von unserem Büro zum ARD-Sternpunkt in Frankfurt am Main warteten wir fünf Monate lang, bis zum 1. Mai 1975. Frau Maritta Carl, Mitarbeiterin der Abteilung »Journalistische Beziehungen« im DDR-Außenministerium, hatte mit mir um eine Flasche Krimsekt gewettet, daß die Leitung spätestens ab 1. April in Betrieb sein werde. Sie verlor, den Sekt habe ich nie erhalten.

Vor allem an der Sektorengrenze kam es häufig zu unerfreulichen Szenen. Mein damals achtzehnjähriger Sohn Alexander wollte am 15. Februar 1975 den Kontrollpunkt Heinrich-Heine-Straße passieren und wurde dabei einer Leibesvisitation unterzogen; als er darauf hinwies, daß sein Vater akkreditierter Korrespondent sei, raunzte ihn ein DDR-Zöllner an: »Wenn Ihnen die Kontrolle nicht paßt, brauchen Sie ja nicht in die DDR einzureisen.« Zehn Tage später eine neue Schikane: Grenzpolizisten am Kontrollpunkt Friedrichstraße verwehrten einer ARD-Sekretärin den Zutritt zum Durchgang für Dienstreisende. Am selben Tag verlangten DDR-Zöllner am Übergang Invalidenstraße von drei

Mitarbeitern des ARD-Büros die Abgabe einer Zollerklärung, von der sie ausdrücklich befreit waren.

Fuhren die Ehefrauen westdeutscher Korrespondenten in den Westsektor zum Einkauf, so mußten sie bei der Rückkehr in den Osten stets von den DDR-Grenzern die Taschen kontrollieren lassen. Dazu gehörte auch die stereotype Aufforderung der Beamten, bei der Vorlage des Passes die Haare zurückzunehmen und das linke Ohr freizumachen. Eine Journalistenfrau: »Sie wollen wohl sehen, ob meine Ohren noch dran sind?« Trotz eines Sonderausweises und des vom DDR-Außenministerium zugesicherten Rechts, an der Grenze bevorzugt abgefertigt zu werden, fühlte so mancher Korrespondent seine Ohnmacht gegenüber der DDR-Staatsmacht. Ein Grenzoffizier belehrte mich: »Im Bereich unseres Grenzregimes können wir machen, was wir wollen.«

Nur die schulpflichtigen Kinder der Mitarbeiter der Bonner Vertretung nahmen die Grenzkontrollen nicht ernst. Sie machten sich einen Spaß daraus, ihre Pässe untereinander zu vertauschen und sich unter den Bänken des Busses, der sie täglich zur Schule in West-Berlin brachte, zu verstecken. Als sie jedoch auch noch dazu übergingen, den DDR-Grenzern die Pelzmützen von den Köpfen zu reißen und sie sich zum Gaudium zuschauender Grenzgänger gegenseitig zuzuwerfen, schritt das DDR-Außenministerium ein und verlangte bierernst von der Bonner Vertretung, diese »schwerwiegende Störung des Grenzregimes« abzustellen.

Zu Pfingsten 1976 erlebte ich es zu mitternächtlicher Stunde, wie eine aus der DDR zurückkehrende Bundesbürgerin auf dem Wege nach West-Berlin im Kontrollpunkt Heinrich-Heine-Straße mit einem Herzanfall zusammenbrach. Die Grenzoffiziere waren ratlos, weil die West-Besucherin nicht bereit war, sich in ein Ostberliner Krankenhaus bringen zu lassen. Der von West nach Ost überwechselnde Korrespondent bot seine Hilfe an, und es gelang ihm mit Hilfe der West-Zollbeamten, einen Rettungswagen der Westberliner Feuerwehr zu alarmieren. Der Abtransport der schwerkranken Frau mitten in Berlin gestaltete sich schwierig, weil zwar die DDR-Grenzorgane »ausnahmsweise« dem Westberliner Feuerwehrfahrzeug die Einfahrt in den Kontrollpunkt gestatten wollten, die Westberliner Feuerwehrmänner aber befürchteten: »Wer weiß, ob die auf uns schießen!« Nur dem guten Zureden des Ost-Westerfahrenen Korrespondenten war es zu verdanken, daß die Rettungsaktion schließlich erfolgreich war. Es bleibt festzuhalten, daß es in den bisherigen Verhandlungen nicht gelungen war, die Telefonverbindungen zwischen den östlichen und westlichen Grenzstellen innerhalb Berlins einzurichten.

Doch solche Widrigkeiten waren unbedeutend angesichts der Möglichkeit, die unbekannte DDR für das westdeutsche Fernseh- und Lesepublikum zu entdecken! Für die 17 bundesrepublikanischen Journalisten, die damals in Ost-Berlin akkreditiert waren, schien die innerdeutsche Grenze ihre Schrecken verloren zu haben.

»Der ARD-Fernsehkorrespondent in der DDR und seine Kollegen«, schrieb ich damals in einer Zeitschrift, »haben das erreicht, wovon Millionen Deutsche träumen. Sie reisen zu jeder Zeit schnell zwischen Saßnitz und Berchtesgaden, zwischen Frankfurt/Oder und Aachen hin und her, als sei es in den letzten dreißig Jahren nie anders gewesen.«

Es war ein eigenartiges Gefühl, die volle Bewegungsfreiheit in ganz Deutschland zu genießen. »Stellen Sie sich vor«, so schrieb ich damals, »Sie leben in München oder Hannover, Sie möchten ganz spontan noch heute auf der Brühlschen Terrasse in Dresden promenieren, morgen auf Rügen in der Ostsee baden und übermorgen Schloß Sanssouci in Potsdam besichtigen. Unmöglich für den bundesdeutschen Normalverbraucher deshalb, weil dafür Passierscheine zur Überwindung der deutsch-deutschen Grenze noch nicht innerhalb von Stunden zu haben sind.

Man unterhält eine Wohnung in Ost-Berlin, die andere in West-Berlin. Frühstück über den Ruinen des Gendarmenmarktes (Ost), zum Abendessen manchmal am Kurfürstendamm (West). Die Nachtruhe wird wahlweise auf dem Diwan-Ost oder auf dem Diwan-West verbracht – in der Ost-Wohnung ist es im Sommer kühler.

Der West-Portier berlinert genauso wie der Hausmeister Ost. Beide sind freundlich und hilfsbereit, aber der Unterschied besteht nicht nur darin, daß der Hausmeister Ost das Parteiabzeichen an der Jacke trägt. Der West-Portier fand seine letzte Urlaubsreise ›dufte‹, der Ost-Hausmeister bezeichnet seinen Ferienaufenthalt als ›einwandfrei‹. Deutsche Sprachnuancen im Korrespondentenleben zwischen Berlin-Spittelmarkt und Berlin-Wilmersdorf.«

Wer will es uns heute verdenken, daß wir in jenen Tagen diese neu gewonnene Freizügigkeit genossen? 17 Bundesrepublikaner hatten die Terra incognita DDR betreten, Reporterneugier und das Gefühl, es endlich geschafft zu haben, drängten sie, das andere, scheinbar so fremd gewordene Deutschland neu zu entdecken, Leben und Denken seiner Menschen zu verstehen und auf Spuren gesamtdeutscher Gemeinsamkeit zu stoßen.

Gewiß, die Korrespondentenverordnung der DDR engte unsere Arbeit ein: Wir durften ohne vorherige Information des Außenministeriums Ost-Berlin zu keiner Dienstreise in die übrige DDR verlassen, wir mußten stets das Ministerium um Erlaubnis fragen, wenn wir Kontakt zu Behörden oder zu prominenten Interviewpartnern aufnehmen wollten. Stellten wir aber einen Antrag im Ministerium, so wurde unsere Bitte um Genehmigung eines »journalistischen Vorhabens«, wie das auf DDR-Deutsch hieß, oft schleppend behandelt. »Ich gebe die Sache in den Vorlauf«, bekam man dann von dem zuständigen Sachbearbeiter zu hören, und nach ein paar Wochen hieß es: »Wir haben noch keinen Rücklauf«, oder – eine besonders beliebte Floskel – »Ich bin noch nicht aussagefähig.«

Häufig wurde zu spät oder überhaupt nicht entschieden. So hatte auch meine Arbeit begonnen: Im Frühjahr 1975 wollte ich einen Film über den Städtebau in der DDR machen und antichambrierte wochenlang im Ministerium, um die Genehmigung zu einem Interview mit dem Stadtarchitekten von Ost-Berlin zu erhalten. Zwei Tage vor der Sendung – mein Film wurde schon geschnitten – stellte mir das Außenministerium endlich in Aussicht, das Interview zu filmen.

Doch einige der westdeutschen Korrespondenten hielten solche Vorfälle für Kinderkrankheiten der Entspannung, für Überreaktionen einer mißtrauischen Partei- und Staatsbürokratie, die noch nicht erkannt hatte, welche Chancen die westliche Pressearbeit auch der Präsentation ihres Staates bot. Diese Verkrampfung, so glaubten wir, würde hoffentlich im Laufe der Zeit ebenso verschwinden wie Protokollmann Markstein, der, inzwischen wohl in Ungnade gefallen, an die DDR-Botschaft in Peking versetzt worden war.

Zudem ließ uns selbst die restriktive Presseverordnung den Zugang zu einem wichtigen Objekt westdeutscher Berichterstattung offen: zu dem DDR-Bürger, zu den unprominenten Menschen im anderen Deutschland. Gerade sie waren es auch, die dem Auftauchen der kleinen Gruppe bundesrepublikanischer Journalisten neugierig-erwartungsvoll entgegenblickten. Schon in der vertraglosen Zeit, bei der noch eingeschränkten Berichterstattung über die Bahr-Kohl-Verhandlungen in Ost-Berlin, hatten die westdeutschen Journalisten die Sympathie vieler DDR-Bewohner zu spüren bekommen.

Bei unseren Dreharbeiten auf den Straßen boten sich immer wieder Passanten an, Auskünfte zu geben oder gar das ganze ARD-Team zum Kaffee einzuladen. Die Freundlichkeit der DDR-Bürger gab uns allen das Gefühl, in diesem Teil Deutschlands besonders willkommen zu sein. Neugierige und Hilfsbereite waren auch zusammengeströmt, als die ARD im Sommer 1974 zu Beginn der Fußballweltmeisterschaftskämpfe eine Live-Reportage am Alexanderplatz vorbereitete. Geduldig sahen sie zu, wie Techniker der DDR-Post Leitungen, Übertragungswagen und Parabolspiegel für die Sendung bereitstellten. Die DDR hatte die Genehmigung zu der Live-Übertragung erst in letzter Minute erteilt, freilich aus einem durchsichtigen Grund: Die Ostberliner Fernsehleute benötigten einen Farbübertragungswagen des Norddeutschen Rundfunks, des für die DDR-Berichterstattung der ARD zuständigen Senders, um ihrerseits über die im holsteinischen Quickborn untergebrachte Fußballmannschaft der DDR berichten zu können.

Als ich kurz vor 21 Uhr mit meiner Reportage begann, war ich von etwa 30 bis 40 DDR-Bürgern umringt. Ich nahm das Mikrophon und begann meine erste Straßenreportage aus der Deutschen Demokratischen Republik.

»Hier, vom Ostberliner Alexanderplatz aus«, sagte ich, »sind es eigentlich nur 30 S-Bahn-Minuten bis zum Olympiastadion im Westen Berlins. Hier in Ost-Berlin gibt es sicher Zehntausende von Fußballfreunden, die liebend gerne wie früher einfach mit der S-Bahn ins Olympia-Stadion fahren würden, um ihre Mannschaft gegen Chile spielen zu sehen. Und in der ganzen DDR zwischen Marienborn und Frankfurt/Oder, zwischen Saßnitz und Zwickau, gibt es sicher Hunderttausende von Fußballfreunden, die nur zu gerne nach Hamburg fahren würden, um die DDR gegen Australien oder gegen die Bundesrepublik spielen zu sehen.«

Da hörte ich hinter meinem Rücken eine ärgerliche Stimme: »Was quatschen Sie von dieser S-Bahn, Sie vergessen wohl unsere Staatsgrenze und daß wir ein souveräner Staat sind!« Es war die Stimme eines älteren Mannes, offenbar eines überzeugten SED-Genossen. Er führte sich so laut auf, daß ich meinen Bericht unterbrach und ihn bat, ans Mikrophon zu kommen und seine Meinung zu sagen. Doch die anderen Zuhörer verdrängten ihn rasch, er tauchte in der Menge wieder unter. Ich beendete meine Vier-Minuten-Reportage und hielt den Umstehenden mein Mikrophon hin: Jeder sollte sagen, auf wen er als neuen Fußballweltmeister tippe. Zu meiner Verblüffung gab es nicht einen einzigen, der die DDR-Mannschaft nannte. Fast alle sagten den Sieg der »BRD-Mannschaft« voraus. Während der Fußballweltmeisterschaft gab es viel Verärgerung in der DDR. Der Kellner eines Interhotels erzählte mir wütend: »Wissen Sie, wer aus unserem Laden zu den Spielen nach Hamburg fährt? Unser Direktor und der Betriebs-gewerkschaftsleiter. Das sind Zustände hier . . .«

Straßenbefragungen, vom Regime unkontrolliert und doch zugelassen – das war unsere Chance, der Realität DDR näherzukommen. Ich setzte mich mit unserem Fahrer Gerd Duchstein, Kameramännern und Tonassistenten in den Wagen und fuhr kreuz und quer durch die DDR, immer auf der Suche nach einer Story, nach Menschen, die uns etwas über ihren Staat berichten konnten.

An einem Tag waren wir in Mecklenburg, am nächsten in Sachsen. Wir ließen keinen Bezirk der DDR aus, vor unseren Kameras und Mikrophonen entfaltete sich ein Stück Leben des Arbeiter-und-Bauern-Staates mit all seinen Hoffnungen, Errungenschaften, Enttäuschungen, Sorgen und Ängsten.

Mitte März 1975 standen wir an einer denkwürdigen Stätte: Erfurts Bahnhofsplatz, auf dem fünf Jahre zuvor Willy Brandt spontaner Jubel der DDR-Bürger entgegengeschlagen war. In meinem Fernsehbericht hieß es damals: Den roten Teppich hätten sie damals vom Bahnsteig quer über den Bahnhofsplatz bis zum Hotelportal gelegt. Die Stiefmütterchen hätten geblüht, und überhaupt habe sich die Stadtverwaltung viel Mühe gegeben für den Brandt. So schildert eine Erfurterin ihre Erinnerung an den 19. März 1970. In Erfurt sei Willy Brandt schon immer beliebt gewesen. Und beliebt, das sollten wir ihr glauben, sei er auch heute noch.

Dies ist der Platz, auf dem vor fünf Jahren Willy Brandt spontaner Jubel entgegenschlug. Hier ließen Partei- und Betriebsaktivisten Willi Stoph hochleben. Der Jubel ist inzwischen längst verhallt, und äußerlich erinnert hier nichts mehr an das Treffen zwischen Willy Brandt und Willi Stoph, mit dem ein neuer Anfang in den deutsch-deutschen Beziehungen eingeleitet wurde.

Die Spuren dieses Treffens mögen verwischt sein, aber unter den 200 000 Einwohnern dieser thüringischen Industriestadt ist die Erinnerung an die Begegnung des damaligen Bundeskanzlers mit dem damaligen DDR-Ministerpräsidenten noch wach.

Der Wunsch nach besseren Beziehungen und verstärkten Kontakten mit dem Westen ist in Erfurt unverkennbar. Der über 600 Jahre alte Dom von Erfurt gehört zu den schönsten Bauwerken Deutschlands. Die Restaurationsarbeiten wurden in den letzten Jahren sowohl von DDR-Architekten und Arbeitern als auch von etwa 20 bundesdeutschen Handwerkern gemeinsam ausgeführt. Die DDR-Behörden haben der katholischen Kirche für ein Sonderbauprogramm über 40 Millionen Valuta-Mark zur Verfügung gestellt. Mit 32 Gotteshäusern ist Erfurt die kirchenreichste Stadt der DDR. Von 1501 bis 1512 lebte Martin Luther als Augustinermönch in den Mauern von Erfurt.

Zwei Klöster bildeten vor 1200 Jahren den Ursprung der Stadt. Der alte Teil blieb vor Zerstörungen des letzten Krieges bewahrt. So ist die 650 Jahre alte Krämerbrücke über die Gera bis heute erhalten geblieben.«

Wir fragten nach dem Fazit der neuen deutsch-deutschen Beziehungen. Ein Passant: »Man kann doch sagen, daß sich etwas getan hat.« Eine Frau: »Erstmal wollen wir zufrieden sein.« Ein Dritter, skeptischer: »Wissen Sie, wir leben hier, und wir können das nicht ändern.«

Im Juli folgte ein Bericht über die architektonische Neugestaltung der DDR-Hauptstadt. Ich notierte: »Wohnblocks am Fließband. Das größte Neubauvorhaben Ost-Berlins befindet sich im Nordosten, am Weißenseer Weg in Lichtenberg. In zweieinhalb Jahren aus dem Boden gestampft. 50 000 Menschen in 15 730 Neubauwohnungen. Durchschnittsgröße einer Wohnung 58 Quadratmeter. In ihr gibt es, laut Statistik, sieben Fenster und sechs Türen. Für die meisten, die hier wohnen, ist der Traum von den eigenen vier Wänden endlich in Erfüllung gegangen. Die Nervenkrisen kommen später.« Inzwischen entsteht im Ostberliner Stadtteil Marzahn eine weitere riesige Wohnsiedlung.

Im August fuhren wir in die Urlaubsorte an der Ostseeküste und entdeckten DDR-Nostalgie. Aus meinem Bericht: »Eine der letzten Schmalspureisenbahnen auf deutschem Boden fährt von Bad Doberan über Heiligendamm nach Kühlungsborn. Wer das größte Ostseebad der DDR per Bahn erreichen will, benutzt diesen Zug. So reisen die Krauses der DDR auch heute noch auf Krupps unverwüstlichen Schienen aus dem Jahre 1907 in die Ferien.« Kameramann Volker Mach hatte hervorragende Bilder gefilmt. Kühlungsborn, zwischen Wismar und Warnemünde gelegen, vor dem Zweiten Weltkrieg ein braves Familienbad, beherbergt heute in der Sommersaison 13 000 Urlauber aus allen Teilen der DDR.

Ein Urlaub an der Ostsee, das ist der Traum von Millionen DDR-Bürgern, die seit 1961 auf Westreisen verzichten müssen. Die meisten warten acht bis zehn Jahre, bis sie hier einen Platz erhalten. Denn fast alle Unterkünfte in Kühlungsborn werden von der DDR-Einheitsgewerkschaft FDGB über die Betriebe und Behörden den Urlaubern zugeteilt. Auf jeweils zehn bis 14 Arbeiter entfällt ein Ferienplatz. Nur wenige erwischen in freier Auswahl ein Bett über das DDR-Reisebüro. Kühlungsborn kennt keine Stammgäste, wer sich dennoch hier Jahr für Jahr am Strand erholt, war einfallsreich genug, sich bei irgendeinem Bauern oder Rentner im Hinterland als Scheinverwandter unter der Hand einzuquartieren.

An diesem Strand ist die Zeit des organisierten Massenfrühsports und der propagandistischen Lautsprecherberieselung früherer Jahre vorbei. Jeder kann nach seiner Fasson selig werden, die Partei hat nichts dagegen.

Um Fluchtversuche zu verhindern, darf niemand Schlauch- und Paddelboote zu Wasser lassen. Nachts ist das Betreten des Strandes verboten. Scheinwerferbatterien der Grenztruppen leuchten Nacht für Nacht das Ufer ab.

In der Meerwasserschwimmhalle, seit vier Jahren in Betrieb, können die Urlauber auch außerhalb der Sommersaison baden.

»Der Nackte und sein Sohn« – Kühlungsborn ist wohl das einzige deutsche Seebad, das dem – so mancherlei Entbehrungen in Kauf nehmenden – unbekannten FDGB-Urlauber ein Denkmal gesetzt hat. Die durchschnittliche Erholungszeit beträgt im Feriendienst des FDGB 13 bis 14 Tage.

Knapp ein Viertel aller DDR-Bürger hat noch nie eine Urlaubsreise unternommen.

Zwei Gewerkschaftsferienwochen einschließlich Fahrtkosten und Vollpension kosten pro Person je nach Güte der Unterkunft zwischen 40 und 120 Mark. Für jedes Kind zahlt der Urlauber 30 Mark. Der Gewerkschaftsbund subventioniert jede Reise mit etwa 85 Mark.

Dennoch geben drei- bis vierköpfige Familien im 14-Tage-Urlaub an der Ostsee zwischen 600 und 1500 Mark aus. Das Durchschnittseinkommen eines DDR-Bürgers liegt bei 890 Mark. Wir sahen zufriedene Urlauber am Strand, aber auch dürftige Massenquartiere und einen erschreckenden Mangel an Baumaterial und Arbeitskräften. Am Ende sprach ich mit Bürgermeister Walter Nörgaard.

Frage: »Manchmal hört man, daß Sie nicht genügend Restaurants haben. Kann man da nicht mehr tun, mehr Restaurants schaffen, damit die Leute, die vom Strand kommen und nicht in einem Ferienheim sind, hier zu Mittag essen können?«

Nörgaard: »Ja, wenn Sie die Straße runtergegangen sind, haben Sie sicher die große Baustelle gesehen. Da entsteht zum Beispiel im nächsten Jahr ein neues Urlauberzentrum.«

Frage: »Sie haben auch Badegäste aus der Bundesrepublik. Können Sie sich vorstellen, daß der Anteil der Gäste aus der Bundesrepublik hier in Kühlungsborn sich noch steigern könnte?«

Nörgaard: »Das ist möglich. Aber wir legen größten Wert darauf, daß der Anteil unserer Werktätigen aus unserer Republik Urlaub an der Küste machen kann. Wir konzentrieren uns darauf.« Auch in dieser Antwort wurde das Abgrenzungsbestreben der DDR-Führung gegenüber der Bundesrepublik spürbar.

Am Ende des Monats eröffneten wir uns durch eine Fahrt zur LPG »Molauer Platte« nahe Naumburg an der Saale einen anderen Sektor des DDR-Lebens: die Landwirtschaft. 15 Jahre zuvor zwangskollektiviert, war die DDR-Landwirtschaft jetzt die leistungsfähigste im ganzen Ostblock. Unser Eindruck: Die Kombination von Fleiß, Organisationstalent und moderner technischer Ausrüstung trägt wesentlich dazu bei, daß dieser Wirtschaftszweig des zweiten deutschen Staates erfolgreich zu funktionieren scheint. Wir sprachen mit Landarbeitern, Reparaturexperten und Mähdrescherkapitänen. Alle gaben bereitwillig Auskunft. Der LPG-Vorsitzende Arno Seyfarth, gelernter Landwirt, ehemaliger Gutsinspektor und Mitglied der SED, ließ deutlich durchblicken, daß es ihm weniger um »ideologische Sprüche« als um die schnelle Einbringung der Ernte ging.

Solche Reportagen, von der ARD in die Bundesrepublik und auch nahezu alle Winkel der DDR ausgestrahlt, machten uns rasch im ganzen Land bekannt. Wo immer wir unsere Autos parkten, wurden wir von DDR-Zuschauern begrüßt. DDR-Bürger kamen in das ARD-Büro in der Ostberliner Schadowstraße, unbekannte Schreiber lieferten uns wertvolle Informationen. Ich erinnere mich noch an die erste Zuschauerreaktion aus der DDR, die das Büro erreichte. Auf eine Bestellpostkarte der Deutschen Reichsbahn hatte eine unbekannte Hand gekritzelt: »Schön, daß Sie hier sind!« Millionen Deutsche in der DDR sehen »West«, mit Vorliebe die Nachrichtensendungen und aktuellen politischen Magazine, aber auch Sport und Unterhaltung. In entlegenen Gebieten der Lausitz oder der Uckermark entdeckten wir neben kleinen Bauernhäusern Antennenmasten von 25–30 m Höhe. Mit Hilfe dieser kostspieligen Anlagen verbessern DDR-Zuschauer Bild- und Tonqualität unserer Sendungen.

Auffallend aber war, daß wir von Interviewpartnern, die uns das Außenministerium vermittelt hatte, nichts mehr hörten. Die Bürgermeister von Kienitz und Kühlungsborn, der LPG-Vorsitzende Seyfarth – keiner von ihnen sprach uns jemals wieder an.

Das blieb auch so, als es uns später gelang, hohe Partei- und Staatsfunktionäre vor die Kamera zu bekommen. Selbst ein so selbstbewußter Funktionär wie Dr. Hansjoachim Hahn, Generaldirektor des VEB-Kombinats Elektromaschinenbau und damit einer der führenden Wirtschaftsmanager der DDR, begegnete dem Produkt unserer gemeinsamen Arbeit mit scheinbarem Desinteresse.

Ihn hatte ich mir zur zentralen Figur eines Filmfeatures erwählt, in dem ich Mentalität und Lebensform der DDR-Elite darstellen wollte. Bereitwillig sprach Hahn in mein Mikrophon: »Die BRD ist für mich Ausland. Es ist tatsächlich so, daß ich mich viel, viel wohler fühle, wenn ich in die UdSSR, in die ČSSR, nach Polen fahre, als nach der BRD.«

Ich war tagelang mit ihm zusammen, das Kamerateam der ARD filmte ihn überall: im Büro, beim Telefonieren, im Gespräch mit Arbeitern, in seiner Dresdner Wohnung. Doch keinen Augenblick mochte der mächtige Boß mit mir allein sein; immer zog er seinen Pressechef Müller hinzu. Dr. Hansjoachim Hahn ist einer von rund 8500 Prominenten in der DDR, die monatlich mehr als 2500 Ostmark verdienen. Sein Generaldirektorengehalt liegt nach westlichen Schätzungen bei 3000 Ostmark plus Aufwandsentschädigung, Planprämien und Sonderzuwendungen. Außerdem fährt er einen – wie es heißt – »personengebundenen Dienstwagen« vom Typ »Tatra« mit Chauffeur. Ein Normalverbraucher in der DDR verdient monatlich im Durchschnitt etwa 890 Ostmark. Dr. Hahn ist Chef von 23 000 Mitarbeitern des »Volkseigenen Betriebes, Kombinat Elektromaschinenbau«. Unter diese Bezeichnung fällt die gesamte Elektromotorenproduktion in der DDR.

Das VEB-Kombinat Elektromaschinenbau umfaßt 12 Produktionsbetriebe und ein Forschungsentwicklungszentrum, weit verstreut in der DDR. Die Arbeiter stellen jährlich 7 Millionen Elektromotoren vom Staubsaugerantrieb bis zum Schiffsgenerator her. Wegen seiner großen Bedeutung für die DDR-Volkswirtschaft und den Export untersteht das Kombinat unmittelbar dem Minister für Elektronik und Elektrotechnik, der seinerseits der Staatlichen Plankomission, dem Ministerrat und der SED-Führung verantwortlich ist.

Etwa 25 bis 30 % der Produktion sind für den Export bestimmt, vor allem für die Sowjetunion und für die anderen Ostblockländer. Elektromotoren im Werte von 20 Millionen DM jährlich bezieht die Bundesrepublik. Andere Abnehmer sind Frankreich und Schweden. Die Qualität der E-Motoren aus der DDR wird international anerkannt.

Diese Beurteilung spricht um so mehr für den Fleiß und die Leistungsfähigkeit der Arbeiter und Ingenieure im anderen Deutschland, als viele Fabrikhallen des Kombinats dringend erneuerungsbedürftig sind. Die von der DDR-Führung für 1976 bis 1980 bereitgestellte Investitionssumme hält Generaldirektor Dr. Hahn geheim. Die Arbeiter im Elektromotorenbau der DDR erfüllen seit Jahren stetig unter schwierigen Bedingungen ihr Plansoll. So ist das Kombinat Teil eines Industriezweiges, der mit der staatlich vorgeschriebenen Produktionssteigerung von 6 % für dieses Jahr, neben der Chemie, an der Spitze liegt. Allerdings wissen die Verantwortlichen in den Betrieben, daß sich die Produktionsleistungen der Arbeiter nicht unbegrenzt steigern lassen.

Als der Film fertig war, lud ich Dr. Hahn, seine Familie und Müller in meine Ostberliner Wohnung, damit wir uns das Feature gemeinsam ansehen konnten. Im Dresdner Raum kann man nämlich das westdeutsche Fernsehen wegen der ungünstigen geographischen Lage kaum empfangen. Doch Hahn lehnte meine Einladung höflich ab. Müller erklärte mir, der Genosse Generaldirektor habe bereits andere Vorkehrungen getroffen, um den Film sehen zu können. Nur einen Augenblick lang gab er einmal seine Reserviertheit auf – und verriet ein seltsames Weltverständnis. Er fragte mich: »Wird denn der Film auch gezeigt, wenn bei den bevorstehenden Bundestagswahlen die CDU/CSU gewinnt?« Ich verstand die Frage nicht. Hahn erklärte, er vermute, eine CDU-Regierung werde doch sicher dafür sorgen, daß ein Film aus der DDR wie dieser nicht ausgestrahlt werde. Ich hatte Mühe (ganz gelang es sicher nicht), dem welterfahrenen Spitzenmanager klarzumachen, daß es in der ARD keine Regierungszensur gebe.

Drei Wochen nach der Ausstrahlung des Films rief ich Müller an und wollte von ihm wissen, wie der Film gefallen habe. Müller wurde ganz verlegen. »Wissen Sie«, sagte er, »die 45 Minuten gingen so schnell vorüber, daß man sich über den Film gar kein Urteil bilden konnte.« Nun, so gab ich zurück, 45 Minuten seien halt 45 Minuten; zumindest sei ihm doch wohl der Film nicht langweilig erschienen? Müller mochte auch dies nicht bestätigen. Er meinte lediglich, sein Chef habe noch keine Zeit gehabt, sich zu äußern, und eine andere Meinung über den Film habe er, Müller, noch nicht gehört. Nicht einmal von der Familie? Müller druckste: »Die Familie war einverstanden.«

Noch allergischer reagierten DDR-Journalisten, mit denen wir Kontakt aufgenommen hatten. Das war schwierig genug gewesen; im Grunde schraken viele vor jeder Zusammenkunft mit westdeutschen Kollegen zurück. Kaum einer war zu einem kollegialen Gespräch bereit. Ich kannte jedoch noch aus früherer Zeit einige

DDR-Kollegen, mit denen ich auch jetzt noch verkehrte. Zu ihnen gehörte der Journalist Wolfgang Schünke, ehedem Mitarbeiter der »Berliner Zeitung« und jetzt Pressechef des Gewerkschaftsbundes FDGB. Wir hatten früher manchmal bei einer Tasse Kaffee zusammengesessen und unsere Meinungen ausgetauscht. Schünke schien sympathisch, aber später erwies er sich als ein Mann, der meine Ausweisung offen befürwortete. Als ich eines Tages mit unserem Aufnahmeteam bei den Volkskammerwahlen die Abstimmungsprozedur in einem Wahllokal Ost-Berlins filmte, mochte er mich nicht mehr kennen. Starren Gesichts trat mir Schünke entgegen und sagte kühl: »Guten Tag, ich bin hier der Wahlleiter.« Ich daraufhin: »Hallo, Herr Schünke. Nett, Sie zu sehen!« Er überhörte das und verlangte meinen Ausweis, als wisse er überhaupt nicht, wer ich sei.

Nur auf Empfängen und in stillen Ecken von Hotelbars waren die DDR-Kollegen lockerer. Ein angeheiterter Redakteur der Nachrichtenagentur ADN flachste mich an: »Mensch Loewe, Sie sind doch auch so mein Jahrgang, waren doch auch Luftwaffenhelfer. Los, lassen Sie uns doch mal durch den Park gehen.« Wir gingen nach draußen, der ADN-Mann wurde von Schritt zu Schritt freimütiger: »Bin ja auch für Brandt. Mensch, daß das jetzt endlich läuft. Versucht Ihr doch mal, daß das bei uns besser wird.«

Am nächsten Morgen aber überkam ihn offenbar politischer Katzenjammer, bleich lief er an mir vorbei, als würden wir uns nicht kennen. In einem unbeobachteten Augenblick hielt er mich am Ärmel fest und flüsterte: »Mensch, wehe, wenn Sie ein Wort sagen, Mann!«

Dennoch gab es im Parteiapparat Männer, die durchaus in der westdeutschen Medienarbeit auch eine Möglichkeit sahen, Werbung für die DDR zu betreiben. Manchem von ihnen schien es ratsam, den Fernsehkorrespondenten der ARD in seiner Arbeit zu unterstützen.

Als der Film »Menschen in der DDR« ausgestrahlt worden war, in dem ich vier DDR-Bürger (eine Stadtarchitektin, einen Hochofenmeister, einen LPG-Bauern und eine Pastorin) ihre Lebensgeschichte erzählen ließ, erhielt ich ungewohnte Komplimente von Spitzenfunktionären. Professor Herbert Häber, Leiter der Westabteilung des Zentralkomitees der SED: »Das war für uns die beste

Propaganda, die jemals im westdeutschen Fernsehen gelaufen ist.«
Ich erwiderte: »Ich bin da anderer Meinung. Entscheidend für
mich ist, daß der Film wohl in Ost und West ein Erfolg war, wenn
auch aus ganz unterschiedlichen Gründen.«

»Genosse Heinz«, der stellvertretende Außenhandelsminister
Heinz Behrendt, weltoffen und Zigarrenraucher, gab uns gelegent-
lich einen Tip, und auch ein so engagierter Unterhändler wie Karl
Seidel, Leiter der Abteilung BRD im Außenministerium, dessen
Frau ich noch aus Moskau kannte (sie leitete dort die Visaabteilung
der DDR-Botschaft und stempelte meinen Paß für Reisen nach
West-Berlin), zeigte Verständnis für meine Arbeit. Selbst Horst
Sindermann, ehemaliger Journalist und damals noch Ministerprä-
sident, brummte auf einem Leipziger Messerundgang eine Art
Kollegenkompliment: »Das muß man ja dem Loewe lassen, wo
'ne Story ist, da ist er immer dabei.« Es war eine Anerkennung,
die im Grunde der ganzen ARD-Mannschaft in Ost-Berlin galt.

Das waren freilich nur vereinzelte Stimmen, im Parteiapparat
aber überwogen die Apostel des Mißtrauens und der totalen Ge-
dankenkontrolle, die von den Reportagen der westdeutschen Fernsehanstalten eine Untergrabung der SED-Herrschaft befürchteten.
Die Sendungen von ARD und ZDF erreichten (mit Ausnahme des
Dresdner Raums und des äußersten Nordostens) jedes Gebiet der
DDR – den Genossen schwante Böses. Schon ging unter den Agit-
prop-Kadern die Horrorparole um: »Abends um 19 Uhr kommt
der Klassenfeind ins Wohnzimmer«, schon witzelten TV-Leute, das
DDR-Fernsehen werde demnächst seine Ansage nur noch an die
»lieben Dresdner« richten, weil ihm in der übrigen DDR niemand
mehr zusehe.

Da beschlossen die besorgten Genossen, die bundesdeutschen
Korrespondenten in der DDR durch einen Schreckschuß einzu-
schüchtern. Am 13. August 1975 wurde SPIEGEL-Korrespondent
Jörg Mettke zum erstenmal verwarnt, und auch ich wurde ins
Außenministerium bestellt, wo bereits zwei Beamte der Abteilung
Journalistische Beziehungen, Günther Wehmann und Dr. Werner
Claus, auf mich warteten. Die beiden Männer führten mich in ein
fensterloses Konferenzzimmer, an dessen Tisch wir uns niederlie-
ßen. Wehmann und Claus erklärten, sie wünschten »in aller Offen-
heit« einige Fragen zu besprechen, die sich aus der besonderen Art

meiner Arbeit ergeben würden. Es seien nämlich, behaupteten sie, aus Kreisen der werktätigen Bevölkerung Klagen gegen mich laut geworden. Und dann folgte ein langes Sündenregister:

Das Kamerateam der ARD habe im August die Schmalspureisenbahn auf dem Bahnhof Kühlungsborn gefilmt, ohne vorher die Genehmigung des Verkehrsministeriums einzuholen.

Das Polizeipräsidium in Dresden habe sich darüber beschwert, daß das ARD-Team ein Parkverbot nicht beachtet habe.

Von DDR-Bürgern lägen Beschwerden gegen meine Straßenbefragungen vor; die Bürger seien in der falschen Annahme belassen worden, es handle sich bei der ARD-Umfrage um eine Aktion des DDR-Fernsehens.

Der Fernsehkorrespondent der ARD und seine Mitarbeiter unterließen es immer wieder, private Fahrten in die DDR dem Außenministerium vorher anzumelden.

Dies alles, zürnten Wehmann und Claus, seien schwerwiegende Verstöße gegen die Rechtsordnung der Deutschen Demokratischen Republik und gegen die Korrespondentenverordnung der DDR-Regierung vom 21. Februar 1973. Dann folgte eine Drohung: Das könne für Korrespondent und ARD-Büro noch ernste Konsequenzen haben.

Ich ließ mich nicht einschüchtern. Privatfahrten in die DDR, entgegnete ich, seien keineswegs anmeldungspflichtig (nur Dienstfahrten), und niemals habe sich mein Kamerateam als Arbeitsgruppe des DDR-Fernsehens ausgegeben. In Dresden hätten wir nicht falsch geparkt, sondern ein Volkspolizist hätte sich sehr rüde aufgeführt. Was aber nun die Filmarbeit in Kühlungsborn anbelange, so hätte ich mir die Genehmigung des Bahnhofsvorstehers eingeholt; er habe erlaubt, den Zug zu filmen. Im übrigen sei ja wohl die Bummelbahn kaum zum Transport von Interkontinentalraketen geeignet.

Die Herren waren nicht zum Scherzen aufgelegt: Die Vorwürfe gegen die ARD seien keineswegs lächerlich; der Bahnhofsvorsteher, den man bereits vernommen habe, sei nicht befugt gewesen, eine Genehmigung zum Filmen zu erteilen.

Ich wies die Vorwürfe als unbegründet zurück, in Wirklichkeit aber war auch mir nicht zum Scherzen zumute. Zum erstenmal hatte sich die gefürchtete Abteilung Journalistische Beziehungen offen gegen mich gestellt. Jetzt galt es aufzupassen, denn das Unternehmen Meyer & Co. hatte Macht über die westdeutschen Korrespondenten wie keine andere staatliche Behörde in der DDR.

Botschafter Wolfgang Meyer war der Mann, den die Presseverordnung mit der Befugnis ausgestattet hatte, unliebsam gewordene westdeutsche Korrespondenten zu bestrafen – durch Erteilung einer Verwarnung, Einziehung des Presseausweises und Ausweisung aus der DDR. Er war Leiter der Hauptabteilung »Presse und Information« im Außenministerium, die alle fremden Informationsaktivitäten in der DDR kontrollierte. Im Außenministerium hatte es früher noch einen anderen Meyer gegeben: Dr. Gerhard Meyer, Leiter der Abteilung Journalistische Beziehungen. Dr. Meyers Mitarbeiter unterhielten den eigentlichen Kontakt zu den fremden Journalisten, beobachteten deren Aktivitäten, sammelten Korrespondentenberichte und hielten jede Unregelmäßigkeit eines Korrespondenten fest – in peinlich genauen Dossiers.

Nie aber gewährten sie uns Einblick in ihre Arbeit, nie ließen sie eine Atmosphäre der Vertraulichkeit aufkommen. Kein westdeutscher Korrespondent betrat jemals ihre Amtsräume im Außenministerium (man kam immer nur bis zur Eingangshalle oder bis zu den fensterlosen Empfangsräumen), kein Strukturplan erhellte, wie sie sich die Arbeit aufteilten. Luden sie einen Journalisten im Außenministerium vor, so erschienen sie meist zu zweit. Ging es um wichtige Besprechungen, wurde noch eine Sekretärin hinzugezogen. Wehe aber, wenn man selber eine Sekretärin mitbrachte! Als ich es einmal tat, reagierten die beiden Herren unwirsch: »Das war nicht vorgesehen! Wir wollten eigentlich nur mit Ihnen sprechen.« Nur widerwillig duldeten sie die westliche Ohrenzeugin.

Wie sie arbeiteten, verriet manchmal ihr Verhalten auf internationalen DDR-Messen. Auf der Leipziger Messe zum Beispiel verschwanden sie regelmäßig, wenn die abendlichen Fernsehnachrichten von ARD und ZDF bevorstanden. Dann saßen sie vor ihren Bildschirmen und verfolgten die Messeberichte der westdeutschen Journalisten; eine Sekretärin nahm den Text ins Stenogramm und kabelte ihn sofort nach Ost-Berlin zur Weitergabe an das Zentralkomitee.

Nicht selten geschah es, daß die Aufpasser unsere (meist frei gesprochenen) Texte besser kannten als wir selber. Einmal hielt mir Dr. Meyer am Morgen nach einer Sendung die volle Nachschrift meines Berichtes entgegen, die ich selber noch gar nicht besaß. Sie agierten so lautlos-anonym, daß sie den meisten westdeutschen Korrespondenten wie Automaten vorkamen, die von einer Zentralstelle gesteuert wurden. Erst allmählich lernten wir, ihre menschlichen Konturen auseinanderzuhalten.

Als besonders einflußreich erschien uns der Hauptabteilungsleiter Wolfgang Meyer, ein ehrgeiziger, im Amt unnahbar gewordener Mann, ehedem Diplomatischer Korrespondent von ADN und im Sekretariat Erich Honeckers aufgestiegen, dessen Vertrauen er genoß. Er kam mir seltsam bekannt vor, als ich ihn im Außenministerium zum erstenmal sah. Dann erinnerte ich mich, daß er mit dem ADN-Korrespondenten Meyer identisch war, dem ich 1973 in New York bei der Aufnahme der beiden deutschen Staaten in die UNO ein Vorausexemplar der Rede Walter Scheels besorgt hatte – in der (vergeblichen) Erwartung, er würde uns dafür ein Vorausexemplar der Rede des DDR-Außenministers Winzer beschaffen. Ich konnte nicht wissen, daß er mich eines Tages aus der DDR ausweisen würde.

Ganz anders der Abteilungsleiter Dr. Gerhard Meyer. Er war trotz aller Verhandlungshärte umgänglich, sicherlich auch ein bißchen bequem und er trank gerne ein Schnäpschen mit uns. Von allen Leitern der Abteilung Journalistische Beziehungen war dieser Meyer mit Arbeitsweise und Mentalität westlicher Korrespondenten am besten vertraut. Wir haben alle bedauert, daß er plötzlich in die Grundsatzabteilung des Außenministeriums versetzt wurde. Sein Nachfolger wurde später Günther Fritsch, auch er im Range eines Botschafters (er hatte Anfang der siebziger Jahre die DDR unter anderem in Guinea und Sierra Leone vertreten). Er war gebürtiger Hamburger und Hobbysegler und hatte wie sein Vorgänger angenehme Umgangsformen. Er ist sicher ein erstklassiger Diplomat, die Betreuung westlicher Journalisten aber schien ihn zu langweilen.

Selbst mit dem Sektorenleiter Rolf Muth, der Nr. 2 in der Abteilung, kam ich einigermaßen gut aus, nachdem wir Gemeinsamkeiten entdeckt hatten, wie sie nun einmal Angehörige des gleichen Jahrgangs besitzen. Muth hatte diplomatischen Ehrgeiz: Er gehörte 1970 zu den Emissären der Ostberliner Regierung, die in das

Bonner Kanzleramt Nachrichten überbrachten. Was dann aber unterhalb dieser Ebene der Journalistenabteilung folgte, waren nur noch graue Funktionäre. Besonders Wehmann und Dr. Claus folgten jeder Order von oben, knipsten ein Lächeln an, wenn es befohlen war, oder zeigten die grimmige Miene des Apparatschiks. Dies waren die Leute, die laufend hinter uns her recherchierten oder gar unsere Arbeit zu behindern versuchten. Es dauerte denn auch nicht lange, bis es zum Zusammenstoß kam.

Am späten Vormittag des 1. September 1975 erreichte uns die Nachricht, daß wenige Stunden zuvor eine Maschine der DDR-Luftfahrtgesellschaft »Interflug« mit bundesdeutschen Passagieren bei der Landung auf dem Leipziger Flughafen Schkeuditz abgestürzt und in Brand geraten war. Es war eine traurige deutsch-deutsche Story: die Piloten aus der DDR, die 28 Passagiere aus der Bundesrepublik, meist baden-württembergische Kaufleute, die zur Leipziger Messe hatten fliegen wollen. Nur vier von ihnen überlebten, dazu drei von sechs Besatzungsmitgliedern.

Ich fuhr mit meinem Kamerateam zur Unglücksstelle, die mit Passagiergepäck und Teilen des Flugzeugs, einer sowjetischen Tupolew 134, übersät war. Meine Kollegen filmten die Gruppen der Feuerwehr, die Trümmer beiseite räumten, während ich nach Zeugen fahndete, die das Unglück beobachtet und Erste Hilfe geleistet hatten. Ein Feuerwehroffizier informierte mich, wo ich sie finden könnte. Es waren Bauern, die unter Einsatz ihres Lebens Flugzeuginsassen aus dem Wrack gezogen hatten. Mutige Leute, mit denen ich sprechen wollte. Als ich mich zu ihnen auf den Weg machte, stand plötzlich Wehmann vor mir. Er belehrte mich: »Sie dürfen hier nicht mit den Rettungsmannschaften sprechen.« Das war mir zuviel. »Na hören Sie mal«, protestierte ich, »die Opfer hier sind DDR-Bürger und Bundesbürger, und Sie werden mich nicht daran hindern, daß ich meiner journalistischen Pflicht nachgehe und Leute frage, was hier vorgefallen ist.« Wehmann wurde ganz aufgeregt und schrie: »Herr Loewe, ich warne Sie!« Da bin ich schließlich massiv geworden und habe ihm klipp und klar gesagt, sein unqualifiziertes Verhalten in meinem Bericht für die Tagesschau ausführlich zu würdigen: »Wenn Sie das wollen, mache ich's.« Er wurde daraufhin recht zurückhaltend. Die DDR-Pressefunktionäre rächten sich schnell auf ihre Art. Kurt Blecha, Leiter des Presseamtes, hatte mir ein Vorausexemplar des Berichts der Kommission zugesagt, die im Auftrag des Ministerrats die Flugzeugkatastrophe untersuchte; er wollte mir sogar ein Interview mit dem Leiter der Kommission, dem stellvertretenden Verkehrsminister Klaus Henkes, vermitteln. Daraus wurde nichts. Das Vorausexemplar des Untersuchungsberichts erhielt ADN, die eine erste Meldung über die Ursache des Absturzes (»Kollision der Maschine mit dem Antennenmast eines Landefunkfeuers des Flughafens«) bringen durfte. Vermutlich hatte Wehmanns Meldung über den Streit mit mir Blecha veranlaßt, sein Wort nicht zu halten. Über den späteren Prozeß gegen die Flugzeugbesatzung durften wir nicht berichten. Ich merkte auch in den folgenden Monaten, daß Wehmann und seine Kollegen die Arbeit der westdeutschen Korrespondenten noch schärfer als sonst beobachteten. Zugleich erhob sich im Blätterwald der DDR eine offensichtlich gelenkte Kritik gegen die Ost-Berichterstattung bundesdeutscher Massenmedien.

Das Zentralkomitee, erschrocken über die regimekritischen Ergebnisse einer internen Umfrage des SED-Meinungsforschungsinstituts, verteilte eine Publikation (»Argumentationshilfen«), die Parteiagitatoren helfen sollte, der angeblich verheerenden Wirkung westdeutscher Medienarbeit in der DDR entgegenzuwirken. Motto: »Von der Viertel- und Halbwahrheit über die offenkundige Verdrehung bis zur faustdicken Lüge setzt der Imperialismus der BRD alle Mittel ein, um seinen Bürgern ein völlig verzerrtes Bild des Lebens im Sozialismus in der DDR zu geben.« »So lügen sie täglich«, lautete die Schlagzeile, unter der sich die Redaktion des Magdeburger SED-Blattes »Volksstimme« regelmäßig mit den vermeintlichen Fälschungen westdeutscher Korrespondenten beschäftigte, und das »Freie Wort« in Suhl, Muths altes Heimatblatt, assistierte: »Die Leute wissen überhaupt nicht, von was sie schreiben.«

SPIEGEL-Korrespondent Jörg R. Mettke war das erste Opfer der Pressefunktionäre. Eine Geschichte seiner Redaktion über die Praxis der DDR-Behörden, die Kinder republikflüchtiger Bürger zur Adoption freizugeben, war für Wolfgang Meyer und dessen Auftraggeber Anlaß genug, den SPIEGEL-Korrespondenten am 16. Dezember 1975 wegen »grober Verleumdung der DDR« auszuweisen.

Der Schlag gegen Mettke erschreckte alle westdeutschen Journalisten in Ost-Berlin und Staatssekretär Günter Gaus, denn er bestätigte, was die Beschwichtiger unter den Offiziellen in Bonn nicht hatten glauben wollen: Das SED-Regime wandte tatsächlich jenen Knüppelparagraphen der Presseverordnung von 1973 an, der einen Korrespondenten bereits zum Verleumder der DDR machte, wenn er auch nur einen kritischen Artikel seiner Heimatredaktion zuließ. Mettke hatte die inkriminierte Geschichte weder geschrieben noch unterstützt, er hatte sie allenfalls vor Drucklegung gekannt.

Wir Korrespondenten setzten uns zusammen und verfaßten einen Protest gegen Mettkes Ausweisung; jeder von uns unterschrieb. Ich übernahm es, die Resolution im Außenministerium abzuliefern. Dort wurde der Brief geöffnet und der Text sicherlich auch gelesen.

Am nächsten Tag rief mich Claus an und wollte wissen, ob ich das Papier übermittelt hätte. Ich bejahte. Darauf Claus: »Wir haben die Annahme verweigert. Der Brief wird Ihnen wieder zugestellt.« Im Briefkasten des ARD-Büros fand ich dann den geöffneten und wieder verschlossenen Briefumschlag mit der Protestresolution. Auf dem Kuvert war ein Vermerk: »Annahme verweigert.«

Die westdeutschen Korrespondenten wurden damit nicht populär bei den Herren der Abteilung Journalistische Beziehungen. Schon Monate vorher hatten Pressefunktionäre auf einer Sitzung in Leipzig vorgeschlagen: »Die vom West-Fernsehen müssen raus. Vielleicht können wir sie mit einer Währungsmanipulation aufs Kreuz legen, dann sind wir sie endlich los.« Doch der besonnene Rolf Muth, Mitglied der SED-Kreisleitung im Außenministerium, wiegelte ab: »Genossen, dafür ist die Zeit noch nicht reif.«

»Rufen Sie einfach das ZK an!«

Ein Wunder war geschehen, und keiner von uns wußte so recht, wie es dazu gekommen war. Überrascht starrten wir auf die Szene, die sich uns bot: Die Partei- und Staatsführung der DDR hofierte und bewirtete uns bundesdeutsche Korrespondenten, die noch wenige Wochen zuvor als »die Lügenbolde der Westpresse« gegolten hatten. »Mensch, Junge«, flüsterte mir mein Freund, Kollege und Konkurrent Hans-Jürgen Wiessner vom ZDF zu, »hier rollt die weiche Welle.«

Die Korrespondenten aus der Bundesrepublik sahen sich von freundlich lächelnden SED-Funktionären umgeben, die ihnen die Hände schüttelten, als seien sie alte Freunde, während auf dem Tanzparkett höchste Genossen, die bei mittelschneller Foxtrottmusik vorbeischwebten, den Journalisten jovial zuwinkten. Politbüro-Mitglied Werner Lamberz, Sekretär für Agitation im Zentralkomitee der SED und damit Chefpropagandist der Partei, hatte es sich nicht nehmen lassen, mich mit Handschlag zu begrüßen. Er gab sich geheimnisvoll: »Lieber Herr Loewe, jetzt können Sie einmal lernen, wie bei uns in der DDR gefeiert wird.«

Gefeiert wurde an diesem 23. April 1976 die Eröffnung des »Palastes der Republik« in Ost-Berlin, zu der wir Korrespondenten und unsere Frauen vom DDR-Minister für Bauwesen auf kartonierten Einladungskarten in Goldschrift gebeten worden waren. Ein »Galaprogramm prominenter Künstler« mit anschließendem »Ball der Erbauer des Palastes« war uns angekündigt.

Die Gastgeber hielten, was sie versprachen. Katja Ebstein aus der Bundesrepublik sang, und die Moskauer Primaballerina Maja Plissetzkaja tanzte virtuos wie immer den »Sterbenden Schwan«. Anschließend boten die besten Köche der Republik in den Foyers des Palastes ein erlesenes Büffet.

Das große Auditorium des Palastes war während des Banketts in einen Ballsaal verwandelt worden. Jeweils zehn Personen saßen an runden Tischen. Ein Heer von Kellnern servierte Sekt, und das Tanzorchester des DDR-Fernsehens spielte auch West-Melodien, wie den Münchener Olympia-Song von Günter Noris, seines Zeichens Chef des Tanzorchesters der Bundeswehr. Die Veranstalter hatten die Mitglieder der DDR-Führungsspitze und die westlichen

Korrespondenten einzeln, jeweils an einen anderen Tisch neben Bauarbeitern und Ingenieuren plaziert. Überrascht stellte ich fest, daß an meinem Nebentisch Werner Lamberz mit Frau Platz genommen hatte. Meine Tischnachbarin aus Dresden, Frau eines Heizungsmonteurs und Palasterbauers, sagte mir, der Chef ihres Mannes beneide sie sehr, weil sie mit dem ARD-Korrespondenten Loewe zusammensäße. Es stellte sich heraus, daß auch die übrigen Tischgenossen zuvor genau instruiert worden waren, welcher Korrespondent ihnen zugeteilt worden war.

Es war noch nicht ganz 22 Uhr, als sich Lamberz, eine Sektflasche unter dem Arm, zu mir setzte und mich in ein 45 Minuten dauerndes Gespräch zog. Lamberz schenkte ein, während er mir erläuterte, wie wichtig nach der Abschlußsitzung der KSZE-Konferenz in Helsinki die Arbeit der Medien für die Entspannung und besonders für die Verständigung zwischen den Staaten geworden sei. Er verfolge, fuhr Lamberz fort, meine Fernsehsendungen sehr aufmerksam und habe den Eindruck, ich sei dabei, die Entwicklung in der DDR besser zu verstehen. Zwar würde er nicht alle meine Beiträge positiv bewerten, aber ich sei doch »viel sachlicher« geworden.

Unser Gespräch, nicht zufällig von Lamberz herbeigeführt, versetzte die anwesenden Mitarbeiter der Abteilung »Journalistische Beziehungen« im DDR-Außenministerium in Erstaunen. Natürlich wagten sie es nicht, an den Tisch, an dem Lamberz mit mir sprach, heranzutreten. Nervös schwärmten sie aus, andere Journalisten zu alarmieren: »Es wird Sie vielleicht interessieren, Herr Lamberz unterhält sich gerade sehr angeregt mit Herrn Loewe.« Wir sprachen über die Wirtschaftslage der DDR und über die Stimmung in der Bevölkerung. Für Lamberz gab es an diesem Abend keine Tabus. Ich versuchte ihm zu erklären, wie wichtig es nach meiner Erfahrung in der DDR sei, den Bürgern seines Staates in größerem Umfang als bisher Reisen nach dem Westen zu ermöglichen. Ich sagte: »Die zentrale Frage in Ihrer Bevölkerung ist nicht die Ausreisefrage, sondern das West-Reiseverbot.« Lamberz machte die Lösung dieser Frage vom weiteren Verlauf des Entspannungsprozesses abhängig: »Für uns ist das wichtigste, daß die Bundesrepublik die DDR-Staatsangehörigkeit formell anerkennt.« Mein Hinweis, daß dies nach dem Grundgesetz ohne Verfassungsänderung nicht möglich sei und daß es für einen derartigen Schritt in keiner Partei des

Bundestages eine Mehrheit gäbe, ließ er nicht gelten: »Die DDR ist ein souveräner Staat mit mündigen Staatsbürgern. Glauben Sie mir, die deutsche Frage ist nicht mehr offen. Sie in der Bundesrepublik müssen endlich die letzte Konsequenz aus den Realitäten in Mitteleuropa ziehen.«

Bald kamen mehrere Kollegen an unseren Tisch, worauf Lamberz neuen Sekt servieren ließ. Der mächtige Politbürokrat beantwortete an diesem Abend jede Frage, ja er versprach sogar, sich einem Kamerainterview zu stellen. Lamberz zeigte sich über die Berichterstattung meines Kollegen Peter Pragal von der »Süddeutschen Zeitung« genau informiert. »Sie werden sehen, meine Herren, Ihre Kinder werden eines Tages gute Kommunisten sein«, lachte er. »Wenn Sie einmal gar nicht mehr weiterkommen«, sagte er zu mir, »dann rufen Sie mich doch einfach an. Ich bin für Sie zu sprechen.« Ich blieb skeptisch, doch er wiederholte: »Rufen Sie einfach das ZK an und verlangen Sie mein Büro.« Sofort trug ich die Telefonnummer seines Büros in mein Notizbuch ein: 20 22 015.

Lamberz ist einer der wenigen Spitzenfunktionäre, die weltläufig auftreten. Er spricht fließend Englisch, Französisch und Russisch. Es ist keine Frage, Werner Lamberz war mein interessantester Gesprächspartner in der DDR. Ich wünschte, ich hätte öfter Gelegenheit gehabt, mit ihm zu reden. Vielleicht wäre manche Entwicklung anders verlaufen.

War das noch der gleiche Lamberz, der als Agitprop-Chef der SED hinter all den öffentlichen Attacken stand, die sich gegen die unbehinderte Tätigkeit der westdeutschen Korrespondenten in der DDR richteten? Seit der Ausweisung des SPIEGEL-Korrespondenten Jörg R. Mettke im Dezember 1975 war der Ton aller DDR-Organe gegenüber uns aggressiver geworden, und kein anderer als Werner Lamberz hatte dazu die Stichworte geliefert.

Schon früher war von ihm die Parole ausgegeben worden: »An der ideologischen Front herrscht nicht nur keine Waffenruhe, sondern der Kampf hat sich verschärft.« Vor allem vor den angeblichen Machenschaften der westdeutschen Korrespondenten warnte Lamberz die Genossen immer wieder. Der publizistische Gegner der DDR, erklärte er, tarne sich neuerdings »meist ... als Freund und Verbesserer des Sozialismus« und biedere »sich bald ›gesamtdeutsch‹ bald ›europäisch‹ an«. Namentlich die Arbeit der bundesdeutschen Fernsehkorrespondenten geriet in die Schußlinie der SED-Propaganda. »Wir können unsere Augen nicht davor verschließen, daß ARD und ZDF in manchen Familien ein- und ausgehen«, stichelte die »Deutsche Lehrerzeitung«, und rasch kam der Vorwurf auf, unsere allzu intime (man sagte auch gerne: taktlose) Berichterstattung über das Leben in der DDR stelle eine unstatthafte Einmischung in deren innere Angelegenheiten dar.

Das aber, so dozierte Lamberz' ZK-Kollege Paul Markowski, Abteilungsleiter im ZK, verstoße gegen die Schlußakte von Helsinki. Sie erlaube zwar Propaganda für den Kommunismus, nicht aber »Hetze« gegen den Kommunismus:

Die Propaganda der Ideen des Sozialismus steht nicht im Widerspruch zu den Verpflichtungen von Helsinki, sie steht in voller Übereinstimmung mit der Pflicht zum Frieden und zur friedlichen Zusammenarbeit der Völker. Völlig anders verhält es sich mit der antikommunistischen und gegen die sozialistischen Länder gerichteten Hetze in den westlichen Massenmedien. Sie verletzt aufs gröbste den Sinn der Schlußakte, die Forderung nach Nichteinmischung.

Den Worten waren bald Taten gefolgt. Die Arbeit der westdeutschen Korrespondenten wurde fühlbar eingeschränkt, zumindest behindert: Die Beamten des DDR-Außenministeriums behandelten kaum noch Anträge auf Genehmigung »journalistischer Vorhaben«, Interviews wurden nicht mehr genehmigt, DDR-Bürger von Kontakten mit westdeutschen Journalisten abgeschreckt. Selbst auf internationalen DDR-Messen wurde die westdeutsche Medienarbeit schwieriger. Aus dem Leipziger Pressezentrum, Begegnungsstätte deutsch-deutscher Journalisten, zogen sich die Vertreter der DDR-Presse zusehends zurück; die internationale Pressekonferenz mit dem DDR-Außenhandelsminister Sölle, journalistischer Schlager der Leipziger Messe, entfiel, Empfänge für westliche Journalisten gab es kaum noch.

Bonn sah tatenlos zu, bis Mitte März drei westdeutsche Hörfunkjournalisten (vom Deutschlandfunk und von der Deutschen Welle), die über die Leipziger Frühjahrsmesse hatten berichten wollen, von der DDR abgewiesen wurden. Begründung: Ihre Anstalten hätten sich fortwährend in die inneren Angelegenheiten der DDR eingemischt. Darauf kam es zu einem Eklat zwischen Bonn und Ost-

Berlin. Bundeswirtschaftsminister Hans Friderichs, der schon in Leipzig angekommen war, und sein niedersächsischer Kollege Kiep reisten demonstrativ ab, Missionschef Günter Gaus protestierte in gewohnter Weise – ein neuer Tiefstand deutsch-deutscher Beziehungen drohte.

Noch trumpfte der Ostberliner Verlagsleiter Jürgen Gruner in einer Pressekonferenz auf: »Ich würde diese Hetzer nicht einreisen lassen«, und der stellvertretende Kulturminister Klaus Höpke tönte: »Wir halten den Kampf gegen Antikommunismus und Antisowjetismus ... für einen Beitrag zur internationalen Entspannung«, da schien mir die DDR-Führung bereits erste Anzeichen einer beginnenden Entkrampfung zu verraten.

Anfang April war ich mir meiner Sache ziemlich sicher. Damals herrschte in der DDR eine Grippeepidemie, über die ich ausführlich berichtete. Ich beantragte bei der Abteilung Journalistische Beziehungen, mir einen kompetenten Interviewpartner aus dem Gesundheitsministerium zu vermitteln, der bereit sei, vor einer Kamera der ARD Fragen zu beantworten. Mein Antrag wurde überraschend schnell bearbeitet. Innerhalb von 24 Stunden teilten mir die Pressefunktionäre mit, daß der Leiter der Abteilung Infektionsschutz im DDR-Gesundheitsministerium, Dr. Sieghard Dittmann, zur Verfügung stünde. Er erwies sich als einer der wenigen selbstsicheren DDR-Beamten, die nicht auf einer Vorlage schriftlich formulierter Fragen bestanden.

Ein paar Tage später erreichte mich die Einladung zur Eröffnung des Palastes der Republik, und da saßen wir nun bei Musik und Sekt, friedlich vereint mit dem Mann, dessen Thesen und Agitatoren uns wochenlang die Arbeit erschwert hatten. Doch Lamberz ließ sich nichts anmerken, er versprach, unsere Arbeitsbedingungen zu erleichtern – durch direkten Zugang zu den Pressestellen der Ministerien, durch Ausgabe von Schulvisa für die Kinder westdeutscher Korrespondenten, durch Beseitigung aller bürokratischen Hemmnisse, die unsere Arbeit noch einengten. Als wolle er seine guten Absichten sofort beweisen, erhob sich Lamberz und tauchte wenige Minuten später wieder auf, zusammen mit SED-Chef Erich Honecker, der – offensichtlich recht beschwingt – gleich anfing, unsere künftige Arbeit in der DDR in freundlichen Farben zu malen. »Es ist schön«, wandte er sich an meine Kollegen, während

Kellner unsere Sektgläser erneut füllten, »daß Sie auch Ihre Gattinnen mitgebracht haben. Ich höre, einige Damen fühlen sich nicht so recht wohl bei uns in der Hauptstadt. Ich glaube, wir müssen für Abwechslung sorgen.«

Und die beiden Genossen wetteiferten miteinander darin, uns lebhaft zu beschreiben, wie elegant das jetzt entstehende neue Ost-Berlin sein werde. Ich fragte Lamberz, ob es wohl von Walter Ulbricht richtig gewesen sei, das Berliner Schloß einfach abreißen zu lassen. »Wissen Sie«, antwortete Lamberz, »Sie können mir glauben, wenn wir diese Entscheidung im Politbüro noch einmal zu fällen hätten, fiele sie anders aus. Heute würden wir das Schloß wiederaufbauen.«

Honecker war in seiner Zukunftsschau schon weiter: »Und als nächstes nehmen wir uns den Platz der Akademie vor. Bis 1980 wird er fertig. Sie sollen mal sehen, wie in einigen Jahren unsere Hauptstadt aussieht.« Verblüfft registrierten die Journalisten, wie frei und ungezwungen sich die hohen Genossen gaben. Was immer auch die DDR-Führung zu ihrem Kurswechsel veranlaßt haben mochte, der Protest Bonns gegen Journalistenschikanen oder Hoffnungen auf neue Verhandlungen mit der Bundesregierung – zum erstenmal unternahm sie den Versuch, bei westdeutschen Korrespondenten um Verständnis für die Probleme ihres Staates zu werben.

In der Tagesschau am 25. April 1976 berichtete ich: »Die Mitglieder der DDR-Führungsspitze betonten, die DDR sei an einer weiteren Verbesserung der Beziehungen zur Bundesrepublik sehr interessiert. Gelegentliche Rückschläge sollten im Osten wie im Westen nicht dramatisiert werden. Die Mitglieder der Führungsspitze betonten weiter, auch der Deutschlandfunk und die Deutsche Welle würden wieder Gelegenheit erhalten, von Fall zu Fall aus der DDR zu berichten. Es war unverkennbar, daß die DDR-Führung den bundesdeutschen Korrespondenten politische Kooperationsbereitschaft signalisierte.«

Daß dies ernstgemeint war, zeigte sich schon in den nächsten Tagen. Ende April bat der Funktionär, der neben Lamberz am meisten zu der Behinderung unserer Arbeit beigetragen hatte, die westdeutschen Korrespondenten ins Außenministerium: Botschafter Wolfgang Meyer, der Leiter der Hauptabteilung »Presse«. Er eröffnete uns, die Regierung der Deutschen Demokratischen Republik habe im Interesse einer besseren Zusammenarbeit mit den Korrespondenten in Ost-Berlin eine Reihe von Maßnahmen beschlossen, darunter

Die Ausgabe von »Grenzempfehlungen« für die Sekretärinnen, Fahrer und Ehefrauen der Korrespondenten, die eine beschleunigte und unkontrollierte Abfertigung an den Grenzkontrollpunkten in Berlin ermöglichen sollten,

die Erteilung von Schulvisa für Korrespondentenkinder, die in West-Berlin zur Schule gingen, und

die generelle Genehmigung für alle Korrespondenten, mit den Pressestellen der DDR-Behörden direkt zu verkehren.

Vor allem der direkte Zugang zu Pressestellen hätte für unsere Arbeit einen großen Fortschritt bedeuten können; nie zuvor war es uns ohne Zwischenschaltung der Abteilung Journalistische Beziehungen gelungen, die Pressechefs der Ministerien, Wirtschaftsbetriebe und Genossenschaften anzusprechen.

Die Geheimhaltungsmanie der DDR hatte uns bis dahin jeden Zutritt zu den Behörden verwehrt. Die Eingänge aller Behörden, Verwaltungen und Betriebe werden von Pförtnern oder uniformierten Wächtern streng abgeschirmt. Ohne Sonderausweis darf kein Bürger auch nur eine Limonadenfabrik betreten. Die Direktoren volkseigener Betriebe müssen beim Verlassen ihrer Büros nicht nur die Panzerschränke abschließen, sondern auch allabendlich ihre Zimmertür versiegeln. In diese verschlossene Welt sollten wir nun, zumindest bis zur Pressestelle, eindringen dürfen – das mußte bei den Genossen Verwirrung auslösen. Die Pressechefs der Ministerien und Stadtverwaltungen reagierten denn auch meist hilflos, sobald sie einen westdeutschen Journalisten zu Gesicht bekamen.

Selbst eine so umgängliche Frau wie Suse Schmidt, die Pressechefin des Außenhandelsministeriums, erwies sich als nicht in der Lage, uns auch nur ein Hintergrundgespräch mit ihrem Minister zu vermitteln. Meist flüchteten sich die Pressereferenten in den Schutz der alten Regel, Fragen nur an das Außenministerium zu richten, das sie dann der angesprochenen Pressestelle zuleitete.

Als ich durch einen Telefonanruf bei der Pressestelle des Ostberliner Magistrats ein paar Einzelheiten über die Ladenschlußzeiten in der DDR-Kapitale erfahren wollte, ging man dort sofort in Deckung. Mehrmals ließ sich der Leiter der Pressestelle am Telefon verleugnen, bis sich seine Sektretärin zu der Auskunft aufraffte, ich solle meine Fragen über das Außenministerium schriftlich an die Pressestelle richten. Vollends alarmierend aber wirkte es, wenn ein Korrespondent versuchte, über die Pressestelle hinweg einen leitenden Beamten direkt anzusprechen. Was dann passiert, erlebte ich einmal, als mir ein technischer Irrtum ungewohnten Einblick in einen internen Schriftwechsel zwischen dem DDR-Verkehrsministerium und den tschechoslowakischen Tatra-Werken ermöglichte.

Über den Fernschreiber unseres Büros lief Ende April 1976 ein fehlgeleitetes Schreiben, das »an das Ministerium für Verkehrswesen, Genossen Dipl. Thiele, Leiter der Hauptverwaltung Voßstraße 33, Berlin-DDR« gerichtet war. Ein Tatra-Direktor Sikora vom Werk Smychow berichtete darin Einzelheiten über die geplante Einführung neuer Tatra-Straßenbahnzüge in Ost-Berlin, darunter den Wagen KT 4 D, der »mit Gleitschutz ausgerüstet ist, um das totale Gleiten der Räder beim elektrodynamischen Bremsen zu verhindern«. Mich interessierte der Hauptverwaltungsleiter Thiele, den ich anzurufen versuchte, um ihn über das irregeleitete Fernschreiben zu informieren. Als seine Sekretärin hörte, daß ich Fernsehkorrespondent der ARD sei, schwieg sie hilflos. Dann fragte sie, wer der Anrufer sei – und wiederholte die Frage immer aufs neue. Schließlich erklärte sie, der Kollege Thiele sei in einer Sitzung.

Ich fuhr daraufhin ins Verkehrsministerium, um Thiele selber aufzusuchen. Der Pförtner belehrte mich jedoch, Thiele amtiere in einer Dienststelle in der Krausenstraße. Aber auch dort hatte ich wenig Glück. Die Pförtnerin sah mich verwirrt an, nachdem sie meinen Korrespondentenausweis aufmerksam studiert hatte. Endlich bedeutete sie mir, ich solle warten. Nach längerer Zeit erschien die sichtlich verunsicherte Thiele-Sekretärin und nahm das Fernschreiben in Empfang. An das Papier hatte ich eine Visitenkarte mit ein paar Zeilen für Thiele geheftet, doch er rührte sich nicht.

Die kleine Episode verriet, wie wenig selbst leitende Funktionäre auf die vorsichtige Öffnungspolitik ihrer Führung vorbereitet waren. Das steigerte sich vollends zur Ratlosigkeit, als sich unsere Arbeit auf das Thema konzentrierte, das im Frühjahr 1976 alle politischen Gespräche in der DDR beherrschte: den bevorstehenden IX. Parteitag der SED. In meiner Reportage für die SFB-

Sendung »Kontraste« berichtete ich:

In diesen Wochen vor dem IX. SED-Parteitag müssen viele DDR-Bürger am Arbeitsplatz nicht nur ihr Bestes, sondern auch ihr Letztes geben, um die geforderten Arbeitsleistungen zu erbringen. Die Welle der mehr oder minder freiwilligen Selbstverpflichtungen in den Betrieben überflutet das Land zwischen Elbe und Oder. So wie bei uns durch Bundestagswahlen werden drüben durch den jeweils alle fünf Jahre stattfindenden SED-Parteitag die Weichen gestellt für die weitere Entwicklung der DDR im politischen, wirtschaftlichen und ideologischen Bereich.

Am 18. Mai werden sich Hunderte von Parteitagsdelegierten in der gläsernen Pracht des Ostberliner Palastes der Republik versammeln. Wichtigstes Thema ist die Absteckung des Wirtschaftskurses bis 1980. Die weitere Steigerung der DDR-Warenproduktion und des Exportes nach Ost und West sollen eindeutig Vorrang haben gegenüber der Befriedigung von Konsumbedürfnissen der Bevölkerung. Viele Delegierte kommen aus Großbetrieben. Sie kennen die Probleme in den Montagehallen und an den Werkbänken besser als die Funktionäre. Wir sprachen mit einigen. Generaldirektor Thieme leitet ein Landmaschinenkombinat mit 27 000 Beschäftigten. Der Genosse Generaldirektor ist zum vierten Mal Parteitagsdelegierter.

Loewe: »Gibt es ein Hauptproblem für Ihren Betrieb, für Ihr Kombinat, das auf diesem Parteitag besprochen wird, und werden Sie selbst auf diesem Parteitag das Wort ergreifen?«

Thieme: »Natürlich, wenn wir die Direktive zum IX. Parteitag sehr gründlich studieren, dann werden Sie gesehen haben, daß eine wichtige Aufgabe für uns steht, daß der neue Mähdrescher E-516 1977 in die Serienproduktion geht. Und es sind klar formuliert worden die Aufgaben, die wir gegenüber der Landwirtschaft zu erfüllen haben. Das heißt also, der Parteitag legt genau die Richtung fest, wie wir uns dazu entwickeln werden und wie wir uns entwickeln müssen. Und wir freuen uns natürlich, wenn die Aufgaben so beschlossen werden, weil sie uns die Möglichkeit geben, unsere sicher ehrgeizigen Pläne dann auch in Taten umzusetzen. Ob ich das Wort erhalten werde, das wird das Präsidium beschließen, aber natürlich werden wir uns darauf vorbereiten. Ich persönlich ganz sicher.«

Parteitagsdelegierte Ursula Grote, 35 Jahre alt, Mutter von vier Kindern, arbeitet in einer Glasfabrik in Doebern bei Cottbus: »Speziell für die Glasindustrie erwarte ich, daß wir vorwärtskommen in unserer Ausschußsenkung und der Qualitätsverbesserung, und das sind bei uns die wichtigsten Reserven hier, da können wir unsere Produktion noch erhöhen. Und ich erwarte da, daß ich in Aussprachen und in vielen Hinweisen mit anderen Delegierten doch einiges mit nach Hause bringen kann.«

Die Ausschußquoten senken und die Produktion mit Bordmitteln steigern. Das ist die Medizin, die die DDR-Führung seit Jahren ihrer bis zum äußersten angespannten Wirtschaft verschreibt. Spruchbänder und Parolen können aufmerksame Beobachter nicht darüber hinwegtäuschen, daß der zweite deutsche Staat über 30 Jahre nach Kriegsschluß weiterhin eine Mangelgesellschaft geblieben ist. Die Konsumwünsche der Bevölkerung werden vielfach nicht erfüllt. In ihrer Wirtschaftsdirektive schreibt die SED zum IX. Parteitag mahnend:

Es ist von dem Grundsatz auszugehen, daß nur das verbraucht werden kann, was vorher erarbeitet wurde. So wird es noch 14 Jahre, bis 1990 dauern, bevor nach dem Plan der SED das leidige Wohnungsproblem in der DDR gelöst sein soll.

Nicht etwa die städtischen Gartenbauämter, sondern Schulklassen und Studenten pflanzen in sogenannter Selbstverpflichtung zu Ehren des IX. Parteitages in Ost-Berlin die Grünanlagen an. Diese außerplanmäßigen Arbeitseinsätze gehören zum Alltag der Menschen in der DDR. Die Parteitagsdokumente sehen einen schrittweisen Übergang zur 40-Stunden-Woche und eine abgestufte Verlängerung des Erholungsurlaubs der arbeitenden Bevölkerung vor. Konkrete Fristen werden nicht genannt. Nicht gerade präzise heißt es weiter: Die Arbeitseinkommen der Bevölkerung sollen auf der Grundlage einer leistungsorientierten Lohnpolitik weiter kontinuierlich steigen.

Auf dem Parteitag in 14 Tagen wird sich die SED nicht mehr als die Partei der nationalen Einheit bezeichnen und auch alle Hinweise auf die Einheit der deutschen Nation werden fehlen. Bereits während der sogenannten Volksaussprache der letzten Monate fiel auf, daß es die Funktionäre vermieden, das heiße Eisen der »nationalen Frage« anzupacken. Ohne Zweifel haben viele DDR-Bürger voller Stolz auf die eigene Leistung ein gewisses Staatsbewußtsein entwickelt. Aber ein besonderes DDR-Nationalbewußtsein haben die meisten nicht. Sie empfinden sich trotz der jahrzehntelangen Spaltung noch immer als Deutsche und dieser Haltung muß die Partei Rechnung tragen. Vergeblich hatten viele gehofft, der Parteitag würde ihnen endlich Erleichterungen im Reiseverkehr aus der DDR in die Bundesrepublik und in das westliche Ausland bescheren. Die Parteitagsdokumente sagen darüber ebenso wenig aus wie über eine Senkung der Altersgrenze für Westreisen.

Schon die ersten Straßenbefragungen von ARD und ZDF dokumentierten, daß die Bevölkerung von dem Parteitag vor allem soziale Zugeständnisse erwartete: die Einführung der 40-Stunden-Woche, die Erhöhung des Mindesturlaubs und der Renten, die Zuteilung neuer Wohnungen oder Genehmigungen zum Bau von Eigenheimen. Unsere Mikrophone fingen Stimmen der Hoffnung, aber auch der Skepsis und Kritik ein. »Ich hoffe, daß es besser wird und man keine Sorgen mehr hat«, erklärte ein Mann. Eine Frau: »Was sollen wir eigentlich noch erwarten, es ist doch alles schön, sehr schön bei uns.« Ein Mann: »Ich habe Schwierigkeiten mit einer Wohnung und so. Und ich habe überall an den Staatsrat geschrieben, habe auch mehrere Antworten gekriegt, aber die reden immer noch drumherum.« Ein anderer: »Da halte ich mich raus, da sage ich gar nichts.«

Ein Mann erklärte: »Also wenn ich mal ganz ehrlich sein soll, ich erwarte, daß man auch mal die Rente wieder erhöht. Wenn man das hier so sieht, wollen mal sagen, die Schuhe, einigermaßen, die gibt's ja gar nicht unter 50 oder 60 Mark. Und die kann ich mir bei 350 Mark Rente nicht kaufen.«

Eine ältere Frau äußerte: »Ich erwarte, daß sie endlich mal den kleinen Rentnern mehr Rente geben und nicht denen, die schon 1000 Mark haben, noch 50 Mark zugeben. Das erwarte ich vom Parteitag.«

Die vom westdeutschen Fernsehen ausgestrahlten Straßenbefragungen, nahezu in jeder DDR-Wohnung empfangen, führten zu mancher heftigen Diskussion auf Parteiversammlungen. Die Stimmung wurde so kritisch, daß es die SED-Führung vorzog, ein Ventil zu öffnen – im Zentralorgan »Neues Deutschland«. Die dort veröffentlichten Anträge zum Parteitag deckten sich weitgehend mit den Aussagen in unseren Straßenbefragungen, doch die Partei steuerte dagegen. Ihre Parole: »Wir können nicht mehr ausgeben, als wir erarbeiten.« Dennoch hielt es die SED-Führung für opportun, die Debatte zwischen Volk und Regime nicht abzuwürgen. Westdeutsche Korrespondenten wurden ermuntert, über den Parteitag ausführlich zu berichten, ja uns wurde sogar erlaubt, was es für westliche Journalisten noch nie gegeben hatte: die Parteidelegierten unkontrolliert zu interviewen.

Kaum war am Morgen des 18. Mai im Palast der Republik der IX. Parteitag eröffnet worden, da baten wir einige Delegierte vor Mikrophone und Kamera. Ein paar Minuten hilfloser Interviewantworten zeigten, daß die Parteiveteranen von ihrer Führung nicht rechtzeitig gewarnt worden waren. Als ich einen General der Nationalen Volksarmee fragte, ob der Parteitag wohl die Einführung der 40-Stunden-Woche beschließen werde, sah er mich so fassungslos an, als sei ich soeben vom Klassenfeind mit einem Fallschirm im Republikpalast abgesetzt worden. Nur mühsam fand er eine Antwort: »Nein!« Nicht beweglicher reagierte ein hoher Eisenbahnbeamter, der gefragt wurde, wie er es beurteile, daß im neuen Parteistatut jeder Hinweis auf die deutsche Einheit fehle. Er murmelte nur etwas davon, daß »die Formulierungen, die dort drin sind, unserer sozialistischen Entwicklung entsprechen«.

Ein besonders delikates Gespräch führte ich mit Margot Honekker, der Ehefrau des SED-Chefs und Volksbildungsministerin der DDR. Als ich sie am Rande des Foyers, kurz vor dem Beginn einer Sitzung, um ein kleines Interview bat, fuhr sie mich an: »Ich finde es äußerst uncharmant, daß sie mich hier noch einmal ansprechen.« Ich erklärte ihr, es ginge nur um zwei kurze Fragen. Darauf Frau Honecker: »Ich werde Ihnen einmal etwas sagen. Ich finde Journalisten im allgemeinen unausstehlich, und Sie finde ich ganz besonders unausstehlich.« Mir blieb nur der Hinweis, es sei nun einmal »meine Pflicht, Fragen zu stellen«. In diesem Augenblick drückte der Kameramann Volker Mach auf den Auslöser und Toningenieur Erich Schernus rief laut und vernehmlich: »Ton läuft.« Blitzschnell begriff Margot Honecker die Situation und flötete freundlich: »Bitte fragen Sie.«

Ich: »Darf ich Sie fragen, ob Sie glauben, daß auf diesem Parteitag die Renten erhöht werden und daß die 40-Stunden-Woche eingeführt wird?«

Frau Honecker: »Der Parteitag erhöht nie die Renten, der Parteitag kann darüber beraten, wie man das alles vorbereitet. Wir haben eine Regierung und die entscheidet über solche Sachen auf Vorschlag der Partei.«

Die Antworten der Delegierten wirkten auf die Öffentlichkeit so fatal, daß die Parteiführung rasch auf die Bremse trat. Den Gesichtern der Spitzengenossen war deutlich abzulesen, wie sehr sie ihre eigene Freizügigkeit schon wieder bereuten. Wir Journalisten bekamen es bald zu spüren: Die westdeutschen Korrespondenten waren nicht mehr gefragt. Das ließ sich an manchen Indizien erkennen. Lamberz hatte seine Zusage, der ARD ein Interview zu geben, wieder rückgängig gemacht. Ich hatte kurz vor dem Parteitag Lamberz angerufen, um einen Termin für das Interview zu erhalten, aber nur seinen Referenten erreicht. Der gab meine Bitte weiter, worauf der ZK-Funktionär Kobert zurückrief: »Herr Lamberz befindet sich außerhalb Berlins, er wird vor dem Parteitag nicht mehr zurückerwartet. Ein Interview kann leider nicht stattfinden.« Auch das Versprechen Helmut Langes, des stellvertretenden Vorsitzenden des Staatlichen Komitees für Fernsehen, mir und Wiessner ein Vorausexemplar der Parteitagsrede Honeckers zu beschaffen, galt plötzlich nicht mehr.

Wie sehr sich der Wind schon wieder gegen uns gedreht hatte, erfuhren wir auf einem Journalistenempfang am Ende des Parteitags. Heinz Geggel, Abteilungsleiter für Agitation im ZK, sagte mir süffisant: »Sie wollen uns doch mit Ihrer Berichterstattung nur in die Defensive drängen. Sie wollen uns das Gesetz des Handelns aufzwingen. Das wird Ihnen nicht gelingen!«

Auch Lamberz rügte in einem Gespräch mit Wiessner und mir, unsere Berichterstattung zeige, daß wir die auf dem Parteitag zum Ausdruck gekommene ungebrochene Kraft des Sozialismus gar nicht begriffen hätten. Ein Funktionär rief herausfordernd: »Herr Loewe, warum haben Sie am Mittwoch über den Parteitag nichts berichtet?« Ich erwiderte, die Unterzeichnung einer deutsch-deutschen Vereinbarung über den Braunkohleabbau im Grenzraum Helmstedt-Harbke sei mir wichtiger erschienen als der Parteitag, was sogar Lamberz bestätigte.

Auf dem Parteitag erklärte mir ein sächsischer Jungfunktionär, ich möge mir stets bewußt sein, daß ich mich hier in Berlin im Ausland befände. Das Gespräch fand hinter Schinkels »Neuer Wache« auf der Nordseite der Straße Unter den Linden statt. Ich antwortete: »Meister, als Sie noch irgendwo in Sachsen in den Windeln lagen und noch nicht einmal ahnten, wo Berlin liegt, da war Berlin bereits meine Heimatstadt, und Sie wollen mir doch nicht ernsthaft einreden, daß ich einen Spaziergang Unter den Linden als eine Auslandsreise zu betrachten habe.«

Eine Woche später war mir klar, warum wir uns den Unmut der hohen Genossen zugezogen hatten. Die nicht zuletzt von den westdeutschen Fernsehkameras eingefangene Mißstimmung der Bevölkerung über die zu vage ausgefallenen Sozialbeschlüsse des Parteitages zwang die DDR-Führung offenbar zu einer Korrektur: Am 27. Mai beschloß sie eine »planmäßige Verbesserung der Arbeits- und Lebensbedingungen der Werktätigen« (»Neues Deutschland«), darunter die Erhöhung von Mindestlöhnen und Renten.

Was immer jetzt Honecker und Lamberz über die Nützlichkeit westdeutscher Medienarbeit denken mochten – unsere Fernsehberichterstattung über den Parteitag fand den Beifall vieler DDR-Bürger. Das kam uns zunutze: Aus allen Teilen der DDR erreichten die Büros von ARD und ZDF Informationen, Anregungen und Hinweise unbekannter DDR-Bürger. Die Tips führten zu neuen Spuren, auf denen wir uns wiederum andere Informationsquellen erschließen konnten. Wir verdankten solchen Anregungen von DDR-Bürgern manche gute Story.

Eines Tages konnte ich in der »Tagesschau« melden, daß die DDR für die Neuausstattung des Regierungs-Krankenhauses in Ost-Berlin bei der bundesdeutschen Firma Siemens für etliche Millionen hochmoderne medizinische Geräte eingekauft habe. Das Geschäft sei über Stockholm abgewickelt worden, weil die DDR über erhebliche Kronenbestände verfüge, die sie per Scheck an Siemens abtreten wolle. Bereits einen Tag nach Veröffentlichung der Meldung mühten sich Beamte des DDR-Außenhandelsministeriums, meine Quelle ausfindig zu machen, denn die Transaktion hatte als streng geheim gegolten. Die DDR drohte Siemens, das Geschäft zu stornieren, falls die Firma etwas durchsickern lasse. Mein Informant blieb unerkannt in Sicherheit.

Auch unsere unfreiwilligen Helfer und Helferinnen in den Fernschreibstellen der DDR-Betriebe ließen wieder von sich hören. Neue meterlange Papierschlangen quollen aus den Fernschreibern des ARD-Büros heraus:

Da richtete der VEB Entstaubungstechnik »Edgar André« Magdeburg an »die Leiter Materialwirtschaft« einen dringenden Hilferuf zur Versorgung mit Kabeln, wobei er auch »mit der Lieferung von Teilmengen einverstanden« sein wollte.

Da forderte Maschinenhandelsdirektor Kretschmer den Genossen Klische vom VEB-Kombinat Luft- und Kältetechnik auf, sofort einen Importvertrag über die Lieferung des Heizaggregats AGP 50 abzuschließen.

Da setzte sich Genosse Hoffmann vom Rat des Bezirks Neubrandenburg mit dem stellvertretenden Verkehrsminister Schlimper darüber auseinander, ob die vom Rat geforderte Erhöhung des Lohnfonds um 2,16 Millionen Mark berechtigt sei.

Aufregender als solche Intimeinblicke in wirtschaftliche Problemzonen waren die Hilferufe von DDR-Bürgern, die bei ARD und ZDF Rat und Unterstützung im täglichen Umgang mit den Behörden suchten. Die nach Helsinki allerorten im Ostblock entstandenen Bürgerrechtsbewegungen hatten auch DDR-Bürger selbstbewußter gemacht; mancher stellte jetzt in Frage, was er lange Zeit hingenommen hatte. Das galt vor allem für die Menschen, die um jeden Preis die DDR verlassen und in die Bundesrepublik umsiedeln wollten. Sie nahmen Benachteiligung und Verfemung auf sich, um ihr Ziel zu erreichen – und hofften nicht selten, daß die westdeutschen Korrespondenten ihnen dabei helfen könnten. Zu ihnen gehörte auch ein blasser junger Mann, der sich an einem Februartag im Ostberliner ARD-Studio einfand und sich als »der Schmidt Dieter aus Rathenow« vorstellte. Der 22-jährige Arbeiter beim VEB Ofen- und Herdbau in Rathenow wollte von mir wissen, ob mir ein Gesetz der DDR bekannt sei, das einem Bürger des Arbeiter-und-Bauern-Staates verbiete, ein Mädchen aus der Bundesrepublik zu heiraten.

»Aha«, sagte ich, »Sie haben eine Braut im Westen und wünschen die Familienzusammenführung zwecks Eheschließung.«

»Nee, hab' ick nich«, erwiderte Schmidt und erläuterte mir einen phantastischen Plan: Er wolle erst einmal in die Bundesrepublik auswandern, um dann dort ein Mädchen zu finden und zu heiraten. Mit der ihm eigenen Logik begründete er: »Woher soll ick denn ooch hier eene kennen? Ick bin ja in Berlin und kann mir nich uff'n Bahnhof Friedrichstraße stellen und eene aus dem Westen anquatschen.«

Ich erklärte ihm, die DDR-Behörden würden schwerlich Verständnis für seine Heiratspläne haben; eine Ausreise in die Bundesrepublik sei wohl nur möglich, wenn er zuvor eine bundesdeutsche Verlobte vorweisen könne. Doch Schmidt schüttelte nur den Kopf und sagte: »Ick will hier raus.«

Am 23. Februar 1976 stellte er beim Rat des Bezirks Potsdam, Abteilung Innere Angelegenheiten, den Antrag, ihm die Übersiedlung in die Bundesrepublik zu genehmigen. Begründung: »Aus familiären Gründen, u. a. möchte ich aufgrund meiner politischen Überzeugung eine Ehe und Familie in der Bundesrepublik Deutschland gründen und nach meiner Überzeugung entwickeln.«

Was seine Überzeugung sei, ließ er den Rat deutlich wissen:

»Ich bin mit dem Sozialismus einschließlich mit der Staats- und Gesellschaftsordnung in der Deutschen Demokratischen Republik nicht mit einverstanden und sehe meine politische und familiäre Zukunft in der Bundesrepublik Deutschland voll nach meiner Überzeugung zur Ehe und Familie in der Bundesrepublik Deutschland zufriedenstellend gesichert.«

Beim nächsten Besuch im ARD-Büro (er hielt uns ständig auf dem laufenden) erzählte Schmidt, wie es inzwischen weitergegangen war. Die Funktionäre in seinem Betrieb hatten versucht, ihm den Ausreiseantrag wieder auszureden, und auch die Kollegen zweifelten allmählich an Dieters Verstand: »Mensch, Dieter, du bist beknackt, dir lassen sie hier nie raus.«

Doch Schmidt blieb hartnäckig. Am 5. April erneuerte er seinen Antrag und schrieb diesmal an Innenminister Friedrich Dickel:

»Hiermit beantrage ich mit Wirkung vom 5. 4. 1976 die ständige Übersiedlung in die Bundesrepublik Deutschland. Mir ist es in der Deutschen Demokratischen Republik aufgrund des Sozialismus einschließlich der Diktatur des Proletariats sowie der Staats- und Gesellschaftsordnung der Deutschen Demokratischen Republik, denen ich ablehnend gegenüberstehe, unerträglich, mein weiteres Leben hierzulande weiter zu bringen. Daher ersuche ich Sie bitte, mir die Möglichkeit zu geben, das Land, dessen ich innewohne, frei zu verlassen.«

Er stieß immer wieder mit neuen Briefen nach, wußte er doch, wie er mir am Telefon sagte: »Man muß bei die Behörden immer dran bleiben, sonst passiert nischt.« Zunächst freilich zog es die Volkspolizei vor, an dem Bürger Schmidt dicht dranzubleiben. Schmidt mußte auf dem Volkspolizeikreisamt Rathenow erscheinen und dort seinen Personalausweis abliefern. Er erkundigte sich nach dem Grund der Maßnahme. »Sie stehen unter Fluchtverdacht«, sagte der zuständige Beamte. Schmidt Dieter war beleidigt und gab in seinem besten Hochdeutsch zurück: »Ich habe doch bereits verbindlich gesagt, daß ich meine Angelegenheiten auf friedlichem und realem Wege erledigen werde.«

Prompt legte er bei Major Rehag, dem Leiter des Volkspolizeikreisamtes, Beschwerde ein und verlangte eine schriftliche Begründung für den Entzug des Ausweises. Der Major lehnte ab. Kurz darauf schaltete sich der Staatssicherheitsdienst ein und stellte Schmidt unter Beobachtung. Wenn er nach Berlin fuhr, folgten ihm Stasi-Männer. Bei seinem nächsten Besuch im ARD-Büro wußte Schmidt: »Da warn so ein paar Typen im Zug.«

Als er wieder in Rathenow war, luden ihn die Typen zu einer mehrstündigen Vernehmung auf der örtlichen Dienststelle des Staatssicherheitsdienstes vor. »Die sagten mir«, erzählte er, »es sei verboten, die Büros von Westkorrespondenten zu besuchen. Ich müßte doch wissen, dies seien Klassenfeinde, mit denen ein anständiger DDR-Bürger nichts zu schaffen habe.«

Doch Schmidt mochte davon nichts hören. Wer habe denn diese Klassenfeinde in die DDR gelassen? Das müsse der Stasi erst einmal untersuchen. Und das mit den Klassenfeinden könne ja auch nicht stimmen; er sehe doch im Fernsehen, wie sich der Honecker und andere Funktionäre mit den West-Journalisten unterhielten, und was Honecker könne, dürfte er, Schmidt, als DDR-Bürger auch. Die Stasi-Vernehmer gaben es auf und entließen Schmidt. Am Ende gelang ihm, was wir für völlig ausgeschlossen gehalten hatten: Im Juni 1976 durfte er die DDR in Richtung Bundesrepublik verlassen.

Nicht alle Kontroversen zwischen Bürgern und Staat enden so harmlos wie die des Arbeiters Schmidt. Mancher Zuschauerbrief, der uns zuging, spiegelte die Spannungen und Frustrationen des

Lebens in der DDR wider, erzählte die ewig-alte Geschichte von Zwang, Verzweiflung und Behördenwillkür.

Kein Fall aber erregte mich mehr als das Drama, über das mir zwei Männer berichteten, die mich am späten Nachmittag des 20. August aufsuchten. Die beiden Pfarrer Klaus Beck und Klaus-Rainer Latk standen noch unter dem Schock eines Ereignisses, von dem sie am Vormittag in der sächsischen Industriestadt Zeitz erfahren hatten: Ihr Amtsbruder Oskar Brüsewitz, Pfarrer und Gegner der SED, hatte am selben Tage versucht, sich selber zu verbrennen – aus Protest gegen die Kirchenpolitik des Regimes. Mein Freund Wiessner, dem sich Beck und Latk ebenfalls anvertraut hatten, telefonierte mit der evangelischen Kirchenleitung in Magdeburg. So wußten wir, was in Zeitz an jenem 20. August geschehen war:

Kurz nach 11 Uhr war Brüsewitz mit seinem Wagen, einem Wartburg, auf den Platz vor der Michaeliskirche gefahren und hatte zwei Latten an den Wagen gelehnt, an denen er ein Plakat befestigte: »Die Kirchen klagen den Kommunismus wegen der Unterdrückung der Jugend an.« Dann hatte er einen Benzinkanister geöffnet und dessen Inhalt über seinen Kopf, seinen Talar und den Wagen geschüttet, anschließend alles angezündet. Vor Schmerz aufschreiend, lief der brennende Mann über den Platz, bis ein Lkw-Fahrer herbeieilte und die Flammen mit seiner Jacke erstickte. Brüsewitz, tödlich verletzt, war in das Bezirkskrankenhaus in Halle eingeliefert worden. Noch am Abend des 20. August übermittelten Wiessner und ich unseren Fernsehanstalten die Nachricht von dem Selbstverbrennungsversuch des Pfarrers Brüsewitz, die sofort von »Tagesschau« und »Heute« ausgestrahlt wurde.

Für etliche Bürger der sächsischen Industriestadt Zeitz war der evangelische Dorfpfarrer Oskar Brüsewitz ein Mann, der ihnen bereits vor seiner tragischen Selbstverbrennung aufgefallen war. Vor einem Jahr nämlich hatte die SED die sogenannte Ernteschlacht mit folgender Losung zu beflügeln versucht: »Ohne Gott und Sonnenschein bringen wir die Ernte ein.«

Pfarrer Brüsewitz befestigte daraufhin auf einem Leiterwagen einen anderen Spruch: »Ohne Regen und den lieben Gott geht die ganze Welt bankrott.«

Im Stadtzentrum von Zeitz griffen Volkspolizisten ein. Sie stoppten das Gefährt des Pfarrers, spannten die Pferde aus und nahmen ihn wegen Veranstaltung einer nichtgenehmigten Demonstration vorübergehend fest.

Pfarrer Brüsewitz, der am 20. August vor der Michaeliskirche, wohl bewußt, in Sichtweite der SED-Parteikreisleitung und der evangelischen Kirchenbehörde seine Verzweiflungstat beging, war den DDR-Staats- und Parteifunktionären in Zeitz, Halle und Magdeburg seit langem ein Dorn im Auge. Vergeblich hatten sie versucht, seine Versetzung oder gar Abschiebung in die Bundesrepublik zu betreiben.

Handwerkersohn Oskar Brüsewitz, Jahrgang 1929, stammte aus dem Memelgebiet an der ostpreußischen Grenze. Als 15jähriger Junge geriet er in sowjetische Kriegsgefangenschaft. Nach dem Krieg wurde er Schuhmacher. In Leipzig betrieb er zunächst ein eigenes Geschäft. Bibelsprüche im Schaufenster lösten den ersten Streit mit den DDR-Behörden aus. Die Eingliederung in ein sozialistisches Handwerkerkollektiv lehnte er ab. Brüsewitz absolvierte die Evangelische Predigerschule in Erfurt und wurde 1970 Pfarrer in Droßdorf/Rippicha. Neun Dörfer und drei Kirchen gehörten zu seinem Sprengel.

Das Kreuz auf dem Kirchturm von Droßdorf/Rippicha ließ der Pfarrer nachts elektrisch anstrahlen, so daß die Autofahrer es von weitem sehen konnten. Die Staatsorgane bezichtigten Brüsewitz der Verkehrsgefährdung wegen angeblicher Blendgefahr. Aber das Kreuz blieb erleuchtet.

Aus Schrottresten und alten Autoreifen hatte der Pastor im Dorf einen Kinderspielplatz eingerichtet. Mit der Dorfjugend spielte er gerne Fußball. Der Sichtwerbung der DDR-Staatspartei setzte er seine eigenen Schilder entgegen. Der Streit mit der Allmacht von Staat und Partei war unversöhnlich.

Die Kluft zu den Funktionären unüberbrückbar. Oskar Brüsewitz war kein ostpreußischer Don Camillo, und unter den sächsischen Kommunisten gab es keinen Peppone. Sogar der tote Pfarrer schien den staatlichen Stellen noch gefährlich zu sein. Erst eine Stunde vor der Beerdigung durfte er in seiner Kirche aufgebahrt werden. Viele Pastoren, die an der Beerdigung teilnahmen, meinen, Pfarrer Brüsewitz habe ein Zeichen gesetzt. Es gelte für alle Christen in der DDR mutiger und entschlossener als bisher Zeugnis abzulegen. Allzuoft hatte Brüsewitz die aus seiner Sicht zu kompromißbereite Haltung der evangelischen Oberhirten kritisiert.

In den Tagen vor der Beisetzung des Pfarrers waren Mitarbeiter des DDR-Staatssicherheitsdienstes bei Pfarrern, Gemeindemitgliedern und anderen Dorfbewohnern erschienen. In zum Teil stundenlangen Befragungen suchten die Sicherheitsbeamten ihre Gesprächspartner zu veranlassen, Pfarrer Brüsewitz als einen geistesgestörten Menschen darzustellen. In der Gemeinde gibt es Mitglieder, die einiges, was ihr Pfarrer tat, für überspitzt hielten.

Die Trauerfeier verlief ohne polizeiliche Behinderung, aber viele Beerdigungsteilnehmer waren auf dem Wege nach Droßdorf/Rippicha von Volkspolizeistreifen namentlich notiert worden. Die Trauerandacht am offenen Grabe hielt Propst Bäumer aus Magdeburg.

»Oskar Brüsewitz war Pfarrer in unserer Kirche. Wir wissen, wie ernst er den Auftrag, das Evangelium zu verkündigen, verstanden hat.

Wir haben in unserer Kirchenleitung erklärt, daß wir seiner Tat nicht zustimmen können, weil allein Gott der Herr uns Leben und Auftrag wieder nehmen kann, aber distanzieren uns von dem Menschen und Bruder nicht. Wir befehlen ihn, tief getroffen in unserer eigenen Existenz als Christen, der Barmherzigkeit unseres Erlösers Jesus Christus.«

Unsere Meldungen und Korrespondentenberichte lösten Bestürzung und Unruhe in den christlichen Gemeinden aus, zumal sich Brüsewitz' Tat wohl auch gegen die allzu anpasserische Haltung einiger seiner Kirchenoberen gerichtet hatte. In den DDR-Medien aber waren sofort wieder die Propagandisten zur Stelle, die in unseren Berichten eine planmäßige Diffamierung ihres Staates hörten.

»Westliche Fernsehstationen nutzen diesen Selbstmordversuch zu einer verleumderischen Hetze gegen die DDR«, verbreitete die Nachrichtenagentur ADN, und im »Neuen Deutschland« konnte man ein paar Tage später lesen, den »Machern der Hetze« gehe es »darum, sich fortgesetzt in die inneren Angelegenheiten unserer Republik einzumischen, einzelne irrezuleiten und zu mißbrauchen« – eine deutliche Anspielung auf unsere Informanten. Der Staatssicherheitsdienst mußte denn auch wieder in Aktion treten, um empörte DDR-Christen vor öffentlichen Sympathiebekundungen für Brüsewitz zu warnen und sie vor jedem Kontakt mit westlichen Journalisten abzuschrecken.

Für die westdeutschen Korrespondenten in der DDR aber brach eine neue Kältezeit an. Der Honeymoon zwischen DDR-Führung und bundesdeutschen Journalisten ging zu Ende, die hohen Genossen witterten immer mißtrauischer und neurotischer »Einmischungen in die inneren Angelegenheiten unserer Republik«.

»Eigentlich wollte ich gar nicht mehr mit Ihnen reden«, schimpfte ZK-Abteilungsleiter Herbert Häber, als wir uns nach der Brüsewitz-Affäre auf einem Empfang in der Ständigen Vertretung der Bundesrepublik trafen. Er sprach dann doch ziemlich lange mit mir, aber seine Worte klangen unheilkündend. Auf uns alle kam neuer Ärger zu.

Die Halle des Leipziger Interhotels »Stadt Leipzig« bot das gewohnte Bild: Messebesucher, Journalisten und Funktionäre hasteten vorbei, Menschen umlagerten den Tresen des Empfangs, Hoteldiener mit Koffern tauchten auf und verschwanden in den Fahrstühlen. Eine vertraute Szene, und doch war es diesmal anders. Durch die Menge der Wartenden drängte sich ein Mann und steuerte direkt auf mich zu, als ich die Halle betrat. »Vorsicht«, flüsterte er im Vorbeigehen, ohne mich anzuschauen, »oben in Ihrem Zimmer hat der Stasi neue Abhöranlagen eingebaut. Nicht vom Zimmer aus telefonieren!« Und gleich war er wieder fort.

Ich fand die Warnung des Unbekannten rührend, denn wir westdeutschen Korrespondenten in der DDR gingen immer davon aus, daß unsere Telefone vom Staatssicherheitsdienst überwacht wurden. Doch bald dämmerte mir, daß wir auf dieser Herbstmesse des September 1976 von den Stasi-Männern besonders scharf beobachtet wurden. Die Zimmer, die mir und dem ZDF-Korrespondenten Hans-Jürgen Wiessner reserviert worden waren, lagen unmittelbar neben dem Büro für Zentrale Zimmervergabe und waren so frisch renoviert, daß man förmlich die Abhörmikrophone zu riechen meinte, obwohl ich mir nicht die Mühe machte, sie zu suchen.

Bei den Gängen durch die Leipziger Innenstadt fiel meinen Mitarbeitern und mir auf, daß wir von merkwürdigen Gestalten umgeben waren. Uns folgten Männer in den knielangen Synthetikmänteln des Typs »Spezitex 2000«, mit denen meist die Angehörigen der Observationstrupps des Staatssicherheitsdienstes ausgestattet sind. Erst kurz vor dem Hotel waren sie außer Sichtweite geraten. Auch auf dem Parkplatz hinter dem Hotel hatte uns eine Überraschung erwartet: Die uns seit Jahren bekannten Rentner, die dort während der Messen als Parkwächter arbeiteten, waren durch junge Leute ausgewechselt worden – angeblich, weil die Alten bei westlichen Gästen Zigaretten geschnorrt hatten.

Offenbar hatten sich die DDR-Organe in Leipzig diesmal besonders gründlich auf das Kommen westdeutscher Journalisten vorbereitet. Sonderkommandos des Staatssicherheitsdienstes lagen einsatzbereit, Pressefunktionäre waren seit langer Zeit auf die Abwehr der allzu neugierigen West-Kollegen gedrillt.

Rolf Buschmann, Leiter des Pressezentrums des Messeamtes, hatte regelmäßig vor jeder Leipziger Messe eine Art Rotlichtbestrahlung gegen westdeutsche Journalisten verordnet; jeder seiner Mitarbeiter – von den Damen der Poststelle bis zu den Kellnerinnen im Restaurant – erhielt Weisung, wie er sich zu verhalten habe. Gegenüber westdeutschen Journalisten, so lautete Buschmanns Parole, sei zwar korrekte Höflichkeit, zugleich aber höchste Wachsamkeit geboten; persönliche Gespräche oder gar Verabredungen mit ihnen hätten zu unterbleiben. Zusätzliche Maßnahmen sollten die westdeutschen Journalisten von wichtigen Informationsquellen abschneiden: DDR-Kollegen hielten sich vom Pressezentrum fern, Einladungen zu den Pressekonferenzen der Ostblockstaaten erreichten die bundesdeutschen Journalisten kaum noch.

Trotz so systematischer Abschirmung flossen uns bald Informationen zu, die enthüllten, wie wichtig gerade diese Leipziger Herbstmesse für die DDR war. Die Ernte war miserabel ausgefallen, die DDR benötigte dringend ausländische Kredite, um in anderen Ländern Getreide ankaufen zu können – kein Zufall, daß der Devisenzar der DDR, Staatssekretär Alexander Schalck-Golodkowski vom Außenministerium, in Leipzig weilte. Schalck-Golodkowski leitet die zuweilen kühnen Währungsmanipulationen Ostberliner Mittelsmänner an den europäischen Devisenbörsen. Er und seine Vertrauten drehen ständig am großen Rad im heißen Eurodollar-Geschäft. Seine ersten Geschäftserfahrungen sammelte er nach dem Krieg bei Schwarzmarkttransaktionen im Parteiauftrag. Am Rosenthaler Platz handelte er zum Wohle der SED-Kasse mit Zigaretten der Marken »Camel« und »Hundekopf«. Ganz konspirativ gab er sich auch Ende 1975, als er in vierwöchigen Geheimverhandlungen mit Staatssekretär Günter Gaus Verbesserungen für den Berlin-Verkehr aushandelte. Wir Korrespondenten ahnten nicht, daß Schalck-Golodkowski Abend für Abend mit hochgeschlagenem Mantelkragen zu Fuß und ohne Begleitung in die Niederschönhausener Dienstwohnung von Gaus schlich. Den Dienstwagen hatte er zur Tarnung schon einige Straßenecken vorher verlassen.

Schalck-Golodkowski gehört zu den wenigen einflußreichen Männern in der DDR, die jederzeit beim SED-Chef Erich Honekker vorgelassen werden. Kein Wunder, daß er auch in Leipzig jeden Kontakt zu westlichen Journalisten sorgfältig vermied.

Bereits am 5. September meldete ich in meinem ersten Messebericht, daß die DDR in den nächsten Monaten für 1,4 Milliarden Mark (West) Futtergetreide aufkaufen und diesmal auf die gewohnten Getreidelieferungen aus der Sowjetunion verzichten müsse. Weitere Informationen bestätigten, daß die Handelsfunktionäre der DDR am Rande der Messe bemüht waren, bei internationalen Banken Kredite aufzutreiben. Es war bereits zu ersten Kreditgesprächen mit ausländischen Banken gekommen, wobei auch Jupp Steidl, Abteilungsleiter für Kurierdienst im Zentralkomitee der SED, mitwirkte.

Es blieb den Genossen natürlich nicht verborgen, daß ich über die Kreditverhandlungen Informationen sammelte. Sie wähnten meine Informanten unter ihren bundesdeutschen Gesprächspartnern und warnten sie vor Indiskretion. Ein DDR-Handelsfunktionär: »Mit dem Loewe sollten Sie nicht soviel reden, der steht bei uns auf der Abschußliste. Denken Sie an Ihre Geschäfte.« Ich nahm die gutgemeinte Warnung meines Freundes aus der Geschäftswelt nicht sonderlich beunruhigt auf. Aber der Vorgang war kennzeichnend für die Stimmungslage in bestimmten Funktionärskreisen.

Noch recherchierten wir im Messegelände, da erreichte Wiessner und mich die zuverlässige Nachricht, Stasi-Männer seien in unser Hotelzimmer eingedrungen und hätten unser Gepäck durchsucht. Auch das Quartier meines Zimmernachbarn, des dpa-Korrespondenten Dietmar Schulz, war durchstöbert worden. Wir fuhren ins Hotel, konnten jedoch in unserem Zimmer keinerlei Spuren fremder Neugierde entdecken. Die durchsuchenden Genossen von der Sicherheit hatten Profiarbeit geleistet. Wir beschlossen, Staatssekretär Günter Gaus, den Chef der Bonner Mission, zu alarmieren. Gaus gab unsere Beschwerde an den stellvertretenden DDR-Außenminister Kurt Nier weiter, der freilich nur unverbindlich reagierte: »Wenn die Korrespondenten meinen, man sei in ihre Zimmer eingedrungen, würde ich ihnen raten, die Volkspolizei zu verständigen.« Kurz darauf sprach vor dem Pressezentrum ein junger Mann den Kameramann des ZDF-Teams an und gab ihm den Tip, er möge mit seinen Kollegen am nächsten Vormittag um zehn Uhr zum Kino »Capitol« kommen. Dort werde er mit einem Plakat für seine Ausreise aus der DDR demonstrieren.

Wiessner und ich hielten eine Provokation des Staatssicherheitsdienstes nicht für ausgeschlossen, dennoch entschieden wir, zur angegebenen Zeit vor dem Capitol zu sein. Als wir das Kino sahen, entdeckten wir in seiner Nähe sofort, was wir vermutet hatten: viele wohlgenährte Zivilisten, die sich betont gelangweilt gaben, und mehrere Doppelstreifen der Volkspolizei mit Sprechfunkgeräten, geführt von einem Vopo-Major. Wir hatten kaum die Umgebung etwas genauer in Augenschein genommen, da tauchte der junge Mann im Kassenraum des Kinos auf und entfaltete ein Plakat. Polizisten und Zivilisten sprangen herbei, überwältigten den Mann innerhalb von Sekunden und führten ihn ab. Wir Journalisten aber blieben demonstrativ untätig; die Szene wurde von uns nicht gefilmt, der Vorfall nie an die Öffentlichkeit gebracht.

Wiessner und ich meldeten den Vorgang den Vertretern der Abteilung »Journalistische Beziehungen« im DDR-Außenministerium, wobei wir deutlich durchblicken ließen, daß wir die ganze Aktion für eine Provokation hielten – was die gleiche Abteilung später nicht daran hinderte, meine Ausweisung aus der DDR auch mit dem Vorwurf zu begründen, ich hätte damals vor dem Capitol DDR-Bürger zu einer staatsfeindlichen Demonstration angestiftet. Diese offenbar sorgfältig eingefädelte Provokation der Sicherheitsorgane hatte sich gegen die Korrespondenten von ARD und ZDF gerichtet. Hans-Jürgen Wiessner und mir war klar, daß man uns in eine Falle locken wollte und daß hier »belastendes Material« gesammelt werden sollte.

Später hörte ich von gutinformierter Seite, daß einige hohe Funktionäre im Spätsommer 1976 mit dem Gedanken gespielt hatten, meinen Kollegen Wiessner auszuweisen. »Der vom ZDF ist am schlimmsten«, soll ein Mitglied des Politbüros damals gesagt haben. Auffällig war auch, daß sich im Pressezentrum eine unbekannte Frau meldete, die mich wegen ihres Ausreiseantrags sprechen wollte. Die Frau kam mir wegen ihrer Aufdringlichkeit verdächtig vor, zumal sie die sonst so scharf kontrollierenden Wächter des Leipziger Pressezentrums ohne Schwierigkeiten passiert zu haben schien.

Derlei Episoden verrieten die Hektik, mit der die Staatsorgane der DDR die Tätigkeit westdeutscher Journalisten verfolgten. Schon seit Wochen blieb kaum eine unserer Fahrten unbeobachtet, jede normale journalistische Tätigkeit wurde von den Aufpassern offenbar in das Zwielicht unerlaubter Aktivitäten getaucht. In jenen Tagen fragten Angehörige der Abteilung Journalistische Beziehungen plötzlich den Korrespondenten der »Süddeutschen Zeitung«, Peter Pragal, wann er eigentlich abgelöst werde und wen wohl die Redaktion als seinen Nachfolger zu entsenden gedenke. Pragal antwortete, er habe die Absicht, noch sehr lange aus der DDR zu berichten.

Wie noch nie zuvor seit dem Abschluß des Grundlagenvertrages reagierte die DDR-Führung nervös und ruppig auf jedes Anzeichen nonkonformistischer Stimmungen oder gar innenpolitischer Unruhe im Arbeiter-und-Bauern-Staat. Mancher hohe SED-Genosse in der Provinz sah den Staat bereits von Auflösung bedroht – durch Bürgerrechtler, Ausreisewillige, systemimmanente Kritiker. Es gab aus der Ostberliner Zentrale keine klare Weisung, wie mit den Aufmüpfigen zu verfahren sei. Die Anzeichen der Unruhe waren unverkennbar: Immer mehr Menschen bekundeten den Wunsch nach Ausreise in die Bundesrepublik, in Film und Literatur regte sich der Drang nach Emanzipation von steriler Parteivormundschaft, immer häufiger forderten Bürger ungeniert, die KSZE-Beschlüsse auch in der DDR zu verwirklichen. Vollends irritieren aber mußte die DDR-Führung, daß auch die innerdeutsche Grenze aus Mauern und Stacheldraht wieder ins Gerede kam. Im Sommer war es zu Zwischenfällen gekommen: Der italienische Lkw-Fahrer und Kommunist Corghi war von DDR-Grenzern erschossen worden, zwei Bundesgrenzschützer waren jenseits der Demarkationslinie von DDR-Posten gefangengenommen worden; den auf DDR-Gebiet geratenen Bundesbürger Willi Bubbers hatten östliche Grenzwächter nach einem Wortwechsel durch Schüsse verletzt. Die Lage an der deutsch-deutschen Grenze war höchst gefährlich. Bonn protestierte gegen die Schüsse der DDR-Grenzer.

Und überall in der DDR waren wir mit den Kameras des westdeutschen Fernsehens unterwegs. Zweifel und Irritationen der DDR-Bürger blieben uns nicht verborgen. Jede Straßenbefragung erwies aufs neue, wie sehr die deutsch-deutsche Grenze für viele

DDR-Bürger noch immer »Thema Nummer eins« war.

Anfang August fuhr unser Team nach Barneberg, einem kleinen DDR-Dorf am Westrand der Magdeburger Börde. Ein Dorf, einige Kilometer östlich der 1346 Kilometer langen Grenze gelegen, die sich quer durch Deutschland zieht. Ein Bauerndorf, dessen 1200 Einwohner seit jeher vom Zuckerrüben- und Getreideanbau leben. Ein Dorf am Rande des Grenzsperrbezirkes, den DDR-Bürger nur mit Sondergenehmigung der Behörden betreten dürfen. Bis zum Anfang der 50er Jahre waren Schöningen, Wolfenbüttel und Helmstedt die Orientierungspunkte der Bürger von Barneberg. Orte, die heute nur wenige Kilometer entfernt in der Bundesrepublik liegen. Barneberg, ein Dorf mitten in Deutschland – und dennoch ein Grenzdorf im äußersten Westen der DDR.

Im Laufe der letzten 25 Jahre haben die Barneberger lernen müssen, an und mit dieser Grenze zu leben. Der Alltag scheint normal. Aber ist es normal, daß die Barneberger Passierscheine brauchen, um ihr Nachbardorf Hötensleben oder Ohrsleben zu besuchen? Die zwangsläufige Gewöhnung an diesen Zustand bedeutet wohl nicht, daß die Menschen hier das Gewohnte als normal empfinden.

Als wir mitten im Ort unsere Kamera aufbauten, umkreiste uns sofort der »Sheriff«, der Abschnittsbevollmächtigte der Volkspolizei, auf seinem Leichtmotorrad. Höflich, aber gründlich kontrollierte der Genosse Unterleutnant unsere Ausweise. Dann fuhr er zum Bürgermeister. Auch ich suchte den »Vorsitzenden des Rates der Gemeinde« auf. Der Bürgermeister war sichtlich verunsichert. Ich erklärte ihm unser Filmvorhaben und wollte ihm ein paar Fragen über die Geschichte des Dorfes Barneberg stellen, aber er antwortete: »Auskünfte nur über das Außenministerium, das wissen Sie doch, Herr Loewe!«

Wir fragten dann Dorfbewohner, wie man unter den Bedingungen der Absperrung leben könne. Antwort: »Na, so wie in anderer Gegend. Das ist doch alles eins.«

Frage: »Können Sie in die Nachbardörfer hier im Grenzgebiet?«

Antwort: »Um Gottes willen! Ich kann noch nicht mal nach Hötensleben.«

Frage: »Und wie ist es mit Schöningen auf der bundesdeutschen Seite?«

Antwort: »Schöningen. Nun, da kommen wir schon lange nicht hin.«

Frage: »Und haben Sie Freunde in Schöningen, die Sie hier manchmal besuchen?«

Antwort: »Ja, Arbeitskollegen. Die kommen ooch nich, was sollen sie hier? Hier ist doch nischt zu holen.«

Frage: »Möchten Sie gerne mal rüber nach Schöningen?«

Antwort: »Möcht' ich, ja.«

Frage: »Glauben Sie, daß Sie das mal können, bevor Sie 65 sind?«

Antwort: »Nee, das gloobe ich nich.«

Ein paar Tage später war das ARD-Team dabei, als SED-Chef Erich Honecker am 13. August 8500 Mann paramilitärischer Betriebskampfgruppen auf der Ostberliner Karl-Marx-Allee paradieren ließ, um nicht zuletzt jene Stimmen der Sehnsucht und Resignation zu neutralisieren, die wir mit unseren Kameras und Mikrophonen wahrgenommen hatten.

»Die DDR-Führung«, kommentierte ich am 16. August in einer »Report«-Sendung, »hielt es für notwendig, ihren Bürgern erneut klarzumachen, daß sie mit einer Entschärfung dieser Grenze, mit einer erhöhten Durchlässigkeit, auch in Zukunft nicht zu rechnen hätten.«

Wir spürten noch auf der Leipziger Messe, wie sehr die Herrschenden das Grenzproblem beschäftigte. Honecker polemisierte wiederholt »gegen Provokationen an der Grenze«. Bei einem Rundgang durch die Messe am 5. September geriet der SED-Chef auch in den Bereich westdeutscher Fernsehkameras; Wiessner und ich nutzten die Chance, ihn zu befragen.

Wiessner: »Was würden Sie vorschlagen für eine Normalisierung auf diesem Gebiet zwischen den beiden deutschen Staaten?«

Honecker: »Die Achtung der Grenzen!«

Ich: »Sehen Sie die Möglichkeit, daß doch eine Situation geschaffen wird, in der Schüsse an der Grenze nicht mehr vorkommen und Menschen nicht mehr zu Schaden kommen?«

Honecker: »Wissen Sie, ich möchte nicht über die Schüsse sprechen. In der Bundesrepublik fallen soviel Schüsse täglich, wöchentlich, monatlich, die möchte ich nicht abzählen.«

Wiessner: »Könnten Sie sich vorstellen, daß man auf beiden

Seiten kraft Vereinbarung auf Schüsse verzichtet?«

Honecker: »Das Wichtigste ist, man darf an der Grenze nicht provozieren, und wenn man an der Grenze nicht provoziert, dann wird es ganz normal sein. Es war lange Zeit normal, und es wird auch in Zukunft so sein.«

Eingekeilt zwischen Funktionären der DDR-Führungsspitze und Kollegen brachte ich noch eine Frage an. Honeckers Antwort wurde zwar auch im DDR-Fernsehen gesendet, aber in sämtlichen DDR-Zeitungen unterschlagen.

Die Frage lautete: »Herr Honecker, sehen Sie die Möglichkeit, daß in der Frage der Ausreisen von Bürgern der DDR in die Bundesrepublik noch weitere Erleichterungen geschaffen werden?«

Honecker: »Wissen Sie, ich habe die Zahl nicht im Kopf, soweit ich weiß, besuchen gegenwärtig 1,4 Millionen Bürger der Deutschen Demokratischen Republik jährlich die Bundesrepublik Deutschland. Wenn unsere Devisenlage noch besser wird, werden noch mehr fahren – und wenn Herr Gaus mehr Zeit hat zum Verhandeln und weniger in Anspruch genommen wird durch Proteste.«

Honecker machte also in seiner Antwort die Frage der Ausreisen in die Bundesrepublik vom Devisenfluß abhängig. Wir Korrespondenten haben nie erfahren, welche Gedankengänge Honeckers sich hinter dieser hochinteressanten Antwort verbargen.

Und noch ein anderer Vorgang erregte unsere Aufmerksamkeit. Die Mitglieder der DDR-Führungsspitze benutzten zum erstenmal auf der Leipziger Herbstmesse 1976 die neuen langgestreckten Volvo-Limousinen. Als Honecker und seine Begleitung bei der Messerundfahrt vor dem Alten Rathaus im Zentrum von Leipzig hielten, sammelte sich eine große Menschenmenge an, die die schwedischen Luxuslimousinen bestaunte. In der Menge erhob sich Gemurmel. Man hörte halblaute Sätze wie: »Da kann man mal sehen, wie die da oben leben.« Oder: »Die fahren West-Autos, und wir müssen jahrelang auf einen Trabi warten.« Irgendein Arbeiter rief schon lauter: »Haut bloß ab!« Im Handumdrehen waren Volkspolizisten zur Stelle, und im Eiltempo fuhren die Staatskarossen davon, während die Mitglieder des Politbüros noch die Messehäuser besuchten.

Ein paar Tage später ging mir ein Hinweis zu, der mit der Diskussion über Grenze und Ausreise in einem gewissen Zusammenhang stand. In der sächsischen Industriestadt Riesa an der Elbe hatte sich um den Arzt Dr. Karl-Heinz Nitschke die erste »Bürgerrechtsbewegung« in der DDR gebildet. 67 Menschen forderten in einer gemeinsamen Petition von der Regierung der DDR das Recht, in die Bundesrepublik auswandern zu dürfen – unter Berufung auf die Allgemeine Erklärung der Menschenrechte, die KSZE-Schlußakte und die DDR-Verfassung. Der Fall schien mir wichtig genug, einmal an Ort und Stelle festzustellen, ob diese Leute auch wirklich seriös waren. Eine gemeinsame Petition von DDR-Bürgern an die Staatsmacht – das hatte es vorher noch nicht gegeben.

Der Name Nitschke war mir nicht unbekannt, eine Kollegin der »Frankfurter Allgemeinen Zeitung« hatte mir von dem Arzt erzählt. Nitschke, Facharzt für Inneres an der Poliklinik eines Stahlwerkes in Riesa, hatte 1964 mit dem Gedanken gespielt, sich mit seiner Frau nach Westen abzusetzen; ein Gastwirt, der davon erfuhr, denunzierte ihn, worauf der Arzt zu zwei Jahren (seine Frau zu einem Jahr) Gefängnis verurteilt wurde. 1975 war er mit Frau und Tochter auf einer Urlaubsreise in Rumänien. Er wurde wegen angeblichen Fluchtverdachts denunziert. Die rumänischen Behörden lieferten ihn an die DDR aus. Folge: vorläufige Festnahme, Verlust seines Postens als medizinischer Abteilungsleiter und Verbot, mit seinen Patienten Privatgespräche zu führen – eine absurde Maßnahme zwischen Arzt und Patienten.

Nitschke stellte daraufhin am 18. August bei den DDR-Behörden einen Antrag auf Übersiedlung in die Bundesrepublik und einen weiteren auf Entlassung aus der DDR-Staatsbürgerschaft und wiederholte diese Anträge immer aufs neue. Zugleich begann er, Freunde, Nachbarn und Patienten für seinen Fall zu interessieren. Alle unterschrieben die Petition aus eigenem Antrieb – Beginn einer Bürgerrechtsbewegung in der DDR, die auf andere Bezirke überzugreifen drohte. Am 13. August 1976 stellte er seinen letzten Antrag und alarmierte zugleich die westdeutsche Öffentlichkeit. Nitschke schrieb an Verwandte, Zeitungsredaktionen und Politiker in der Bundesrepublik, um Bonn zu einer Aktion aufzurütteln.

»In aller Öffentlichkeit«, formulierte er, »klage ich die DDR der Verletzung der Menschenrechte an, begangen an zahlreichen Bewohnern dieses Staates, darunter an meiner Frau, Dagmar Nitschke, meiner Tochter, Marion Nitschke, und mir, Dr. Karl-Heinz Nitschke. Die Menschenrechtsverletzungen betreffen:

a) mehrjährige Einkerkerung nach erzwungenen Geständnissen,
b) Freiheitsberaubung,
c) Wegnahme von persönlichem Eigentum zugunsten von SSD-Offizieren,
d) Verweigerung des Rechtes auf Emigration durch Nichtbeantwortung von insgesamt 52 Anträgen an DDR-Behörden auf Übersiedlung in die Bundesrepublik.«

Ein Nitschke-Schreiben veröffentlichte der »Rheinische Merkur« am 27. August, worauf der Staatssicherheitsdienst zuschlug: Vier Tage später verhafteten Stasi-Männer den an schweren Herz- und Kreislaufbeschwerden leidenden Arzt am Mittagstisch und nahmen seinen gesamten Sympathisantenkreis unter systematische Beobachtung. Alle Unterzeichner wurden von Sicherheitsbeamten verhört und bedrängt, ihre Unterschrift zurückzuziehen und Dr. Nitschke als angeblichen Rädelsführer zu belasten.

Das war die Lage, als ich mit dem ARD-Team in Leipzig arbeitete. Am 10. September fuhr ich nach Riesa, zunächst ohne Kamerateam, da ich mich in diesem Augenblick nur informieren wollte. Außerhalb der Stadt fand ich ein Neubauviertel, in dem auch das Haus 26 der Schweriner Straße liegt. Dort wohnte Dagmar Nitschke. Ich meldete mich bei ihr, und sie gab mir bereitwillig Auskunft. Seit der Verhaftung ihres Mannes war diese mutige und resolute Frau wiederholt von Beamten des Staatssicherheitsdienstes stundenlang vernommen worden; das Telefon der Nitschke-Wohnung hatten Stasi-Männer gesperrt – angeblich, weil die Telefon-Rechnung nicht bezahlt war; die Observanten folgten der Frau selbst auf dem Gang zur Kaufhalle.

Den anderen Freunden Nitschkes, mit denen ich auch sprach, ging es kaum besser. Vor deren Wohnungen sah ich Autos, die jeweils mit mehreren Zivilisten besetzt waren: Stasi paßte auf, Tag für Tag, 24 Stunden um die Uhr. Die Szene war beängstigend.

Gleichwohl erklärten sich Frau Nitschke und andere Bürger in Riesa bereit, vor einer ARD-Kamera über ihren Fall zu sprechen. Ich fuhr noch am gleichen Tag nach Leipzig zurück, um unser Kamerateam für das Unternehmen in Riesa vorzubereiten.

Ich hatte kaum mein Hotel erreicht, da ging mir eine Aufforderung zu, bei der Leipziger Außenstelle der Abteilung Journalistische Beziehungen anzurufen. Am Apparat meldete sich mein alter Widersacher Günther Wehmann, der mich bereits im August 1975 »verwarnt« hatte. Ich ahnte, worum es ging, als er mich höflich, aber dringlich bat, zur ungewohnten Abendstunde um 19.30 Uhr im Pressezentrum zu einem Gespräch zu erscheinen. Wehmann empfing mich und bat mich, noch einen Augenblick auf Dr. Claus zu warten. Der erschien endlich, merkwürdig erregt und mit hochrotem Kopf. In der zitternden Hand hielt er ein Blatt Papier, von dem er anfing abzulesen: Das Ministerium für Auswärtige Angelegenheiten habe Kenntnis von meiner Absicht, in Riesa mit gewissen Personen Interviews zum Zwecke der Veröffentlichung zu führen. Die Personen seien jedoch als Zeugen in ein Strafverfahren verwickelt. Die geplanten Interviews stellten daher einen Verstoß gegen die Strafprozeßordnung der DDR dar. Das Außenministerium, so las Claus weiter, mache darauf aufmerksam, daß die Interviews einen Eingriff in ein schwebendes Verfahren bedeuteten; zudem bestehe der Verdacht der Zeugenbeeinflussung und der Behinderung von Staatsorganen bei der Durchführung ihrer Untersuchungen. Das wiederum verletze die Journalistenverordnung vom 21. Februar 1973, die jeden auswärtigen Korrespondenten verpflichte, die Rechtsordnung der DDR zu achten und respektieren. Ich bat Claus, mir die Personen zu nennen, die nicht interviewt werden dürften. Doch der Pressefunktionär wußte keine Antwort. Er verwies lediglich auf den Text, den er mir vorgelesen hatte. Die Lage sei doch klar. Ich fragte, ob es überhaupt verboten sei, in Riesa zu filmen. Wehmann: »Herr Loewe, Sie wissen doch, daß Sie in der DDR volle Freizügigkeit genießen. Dies gilt selbstverständlich auch für Riesa.«

Mir war nicht bekannt, daß fast zur gleichen Stunde in Riesa Stasi-Beamte Frau Nitschke und einige Petitionsunterzeichner zu einem Verhör abführten, in dem es nur um die Frage ging, was sie mit mir gesprochen hatten. Dagmar Nitschke und ihre Freunde mußten sich verpflichten, mir keine Interviews vor der Kamera zu geben – andernfalls würden sie, so drohten die Vernehmer, sofort verhaftet werden. Schon das Pressemanöver des Duos Wehmann/Claus veranlaßte mich freilich, das Thema Riesa noch einmal sorgfältig zu überdenken. Wir wollten keinem der Bürgerrechtler schaden, ihre Sicherheit ging allem anderen vor. Ich informierte noch am Abend Missionschef Gaus und beriet mich dann mit meinen Kollegen; anschließend rief ich unsere Heimatredaktion an.

Wir waren uns alle darüber im klaren, daß das DDR-Außenministerium hier den ersten massiven Versuch unternahm, den bisher unbehinderten Kontakt zwischen den Korrespondenten aus der Bundesrepublik und DDR-Bürgern zu unterbrechen. Der Pressechef der bundesdeutschen Vertretung in Ost-Berlin, Johannes Rieger, warnte das DDR-Außenministerium mündlich davor, unsere Arbeit zu behindern. Schließlich faßten wir am nächsten Tag einen Entschluß: keine Fernsehinterviews, wohl aber eine Reportage über die Bürgerrechtler von Riesa. Über Art und Zeit der Ausstrahlung wollten wir später entscheiden. Das Kamerateam fuhr deshalb am Samstag, den 11. September, in die Elbe-Stadt, sorgfältig beobachtet von Stasi-Männern in schnellen Limousinen. Als wir in der Schweriner Straße vor dem Haus 26 stoppten und begannen, unsere Geräte auszupacken, erwarteten uns bereits 13 Stasi-Männer und -Frauen mit Sprechfunkgeräten, die sie in kleinen Taschen trugen. Sie waren in der Gegend rings um uns verteilt. Da sonst keine Passanten zu sehen waren, wirkte dieses Aufgebot der Sicherheitskräfte bedrohlich.

»High noon in Riesa«, murmelte Toningenieur Horst Linke und stellte sein Gerät bereit. Ich war entschlossen, unser Filmvorhaben zu Ende zu führen. »Nur die Nerven nicht verlieren«, war unsere Devise. Kaum aber machte das Kamerateam Miene, die Szenerie vor Haus 26 zu filmen, da nahmen die Staatsschützer fast ebenso schnell hinter Büschen und geparkten Autos Deckung. In den umliegenden Häusern wurden Fenster geöffnet, Menschen schauten zu uns herab und beobachteten belustigt den Rückzug der Stasi-Männer. Ich ging unter den Augen der Staatsschützer zu Frau Nitschke und erklärte ihr, warum wir beschlossen hatten, sie nicht zu interviewen. Sie hatte dafür Verständnis, andere Nitschke-Freunde aber bedauerten unsere Zurückhaltung. Immer mehr Menschen, darunter Unterzeichner der Bürgerrechtspetition, kamen nun auf die Straße. Mit dem verzweifelten Mut von Leuten, die meinen, nichts mehr zu verlieren zu haben, boten sie an, vor der Kamera ihre Erfahrungen zu schildern – trotz der anwesenden

Stasi-Leute, die über Richtmikrophone mithörten. Sie erzählten, oft erregt und sich verhaspelnd, ihre Geschichte. Da gab es Menschen, die Anfang der sechziger Jahre aus dem polnischen Oberschlesien in die DDR übergesiedelt waren und jetzt zu ihren Verwandten in Westdeutschland wollten, da gab es andere, die vor 1961 aus der Bundesrepublik gekommen waren und die es nun in die Heimat zurückzog. Und je mehr sie berichteten, desto härter und verbitterter wurden ihre Stimmen. Sie erzählten von Schikanen, Willkür und Unverständnis der Behörden. Schimpfworte ertönten, einigen standen Tränen in den Augen. Was blieb mir aber anderes übrig als der Rat, Ruhe zu bewahren und nicht die Nerven zu verlieren? Uns allen war das, was wir gehört hatten, unter die Haut gegangen. Ich wußte nicht, welche Anweisungen die Stasi-Männer hatten und ob sie meinen vor Ort in die Kamera gesprochenen Bericht überhaupt dulden würden. Kein Wunder, daß meine Stimme etwas gepreßt klang, als ich begann, die ersten Sätze meines Riesa-Berichts aufzusagen.

»Hier in Riesa«, sagte ich, »in dem Haus hinter mir, im zweiten Stockwerk, wohnt der Arzt Dr. Karl-Heinz Nitschke mit seiner Frau und seiner Tochter. Wegen der Ablehnung seiner Ausreiseanträge hat Dr. Nitschke kürzlich eine Petition zur vollen Erlangung der Menschenrechte verfaßt. Diese Petition ist von weiteren 66 DDR-Bürgern unterzeichnet worden. Alles Bürger, die die DDR verlassen wollen.«

»Auf die Petition reagierten die DDR-Behörden mit Verhaftungen, Haussuchungen und mit dem intensiven Verhör aller Unterzeichner«, fuhr ich fort. »Am 31. August wurde Dr. Nitschke hier in seiner Wohnung mittags von Beamten des Staatssicherheitsdienstes verhaftet.«

Fazit: »Die wachsende Unzufriedenheit über fehlende Reisemöglichkeiten nach dem Westen und über die Entwicklung der politischen Verhältnisse in der DDR sind die Hauptursachen für diese Bürgerinitiative ... Die Führung der DDR muß daher eine sehr schwierige Entscheidung fällen: Wird sie die Bürgerinitiative von Riesa mit den Mitteln der polizeilichen Einschüchterung beantworten, oder wird sie die zur Ausreise Entschlossenen in Frieden ziehen lassen?«

Als mein Team und ich in Riesa abgedreht hatten, fühlten wir uns alle wie ausgelaugt, aber wir waren froh, daß es keine Auseinandersetzung mit den Staatsorganen gegeben hatte.

Mein Bericht, am 23. September 1976 in der SFB-Sendung »Kontraste« ausgestrahlt, machte die Bürgerrechtler von Riesa in der ganzen Bundesrepublik und bei unseren Zuschauern in der DDR bekannt. Immer wieder sprachen mich Leute auf die Sendung an und wollten noch mehr über den Arzt und seine Freunde wissen.

Desto unwilliger reagierten die Spitzenfunktionäre des Regimes. Als der stellvertretende DDR-Außenminister Korlikowski am 6. Oktober in Ost-Berlin für Diplomaten und Korrespondenten einen Empfang zu Ehren des DDR-Gründungstages gab, sah ich bei den hohen Genossen nur frostige Gesichter. Selbst der sonst so verständnisvolle Karl Seidel, Abteilungsleiter im Außenministerium, machte mir Vorwürfe. »Ihre Berichterstattung über Riesa war schon eine Einmischung in die innere Angelegenheiten unserer Republik«, zürnte Seidel. Da sei ich, urteilte er, »hart an die Grenze des Zumutbaren« gegangen.

Doch das konnte ich nicht gelten lassen. »Eins muß man mal klar sehen«, erwiderte ich, »Journalisten mischen sich immer ein. Den Begriff ›Einmischung in innere Angelegenheiten‹ gibt es für Diplomaten und Völkerrechtler, nicht aber für Journalisten. Ich mische mich als Journalist immer ein, das ist nun mal mein Beruf, und meistens gibt es irgendwo eine Regierung, die sich darüber ärgert, sei es nun Ihre oder die in Bonn, Washington oder Moskau.«

Das mochten vor allem die Genossen im Agitationsapparat der SED nicht hören, die nun immer systematischer die Flüsterparole in Umlauf setzten, die Korrespondenten des West-Fernsehens würden sich ständig in die inneren Angelegenheiten der DDR einmischen und dadurch die Beziehungen zwischen Ost-Berlin und Bonn stören. Bald begann eine wohldurchdachte Kampagne gegen mich. Die Pressefunktionäre des Außenministeriums mühten sich zusehends, das ARD-Team von Informationsquellen abzudrängen. Die Kampagne der Nadelstiche war lautlos und fast unauffällig: Interviews mit hohen SED-Funktionären bekam ich nicht mehr, alte Informanten zogen sich plötzlich zurück, Einladungen zu wichtigen Empfängen blieben zuweilen aus oder wurden »vergessen«.

Die Drehgenehmigung für den Park des Schlosses Sanssouci in Potsdam verzögerte Dr. Claus so lange, bis im Oktober kein Laub mehr an den Bäumen hing, die Springbrunnen stillgelegt und die Standbilder zur Überwinterung in Holzverschlägen verborgen waren.

Das Außenministerium bearbeitete unsere Anträge auf Genehmigung journalistischer Vorhaben betont schleppend; unsere Wünsche wurden oft ignoriert, vorgeschlagene Projekte auf die Hälfte zusammengestrichen. Mancher unserer Gegenspieler schien dafür sorgen zu wollen, daß das ARD-Team nur noch mit halber Kraft arbeitete.

Für den Tag der Volkskammerwahlen, den 17. Oktober, hatten wir uns vorgenommen, ganz spontan einige beliebige Wahllokale in Ost-Berlin aufzusuchen und die dortigen Wahlgänge zu filmen. Statt dessen schrieb uns das Außenministerium zwei bestimmte Wahllokale in Berlin-Friedrichshain und in Lichtenberg vor, deren Leiter sich denn auch eifrig mühten, unserem Kameramann die Arbeit zu erschweren.

Tauchten wir zu Filmarbeiten an einem Ort auf, dann standen die Spezitex-2000-Männer des Ministeriums für Staatssicherheit schon da, um uns mißtrauisch über die Schultern zu schauen. Die Observateure des Staatssicherheitsdienstes wurden wir praktisch nicht mehr los: Wo immer wir durch die DDR fuhren, stets waren wir unter Aufsicht. Sie waren auch schon zu einem Dutzend versammelt, als wir an einem Sonntag im Oktober in Schwedt an der Oder vor der dortigen katholischen Kirche vorfuhren, um einen Gottesdienst des Kardinals Bengsch, des katholischen Oberhirten in der DDR, zu filmen. Das Lokal gegenüber der Kirche, in dem sonst Arbeiter ihren Frühschoppen einnehmen, hatten die Stasi-Männer für die Dauer der Filmarbeiten geschlossen – sie fürchteten wohl einen allzu engen Kontakt zwischen der Bevölkerung und uns Journalisten. Kardinal Bengschs geschultem Auge waren die Stasi-Männer nicht entgangen. Zum Abschied spottete er: »Wem geben die die Ehre, Ihnen oder mir?«

Ich beschloß an jenem Vormittag nach den Dreharbeiten, östlich von Schwedt einen Blick über die Oder zu werfen auf das polnische Gebiet, das früher die Brandenburgische Neumark war. Außerdem wollte ich einen Eindruck vom Umfang des kleinen

Grenzverkehrs zwischen Polen und der DDR gewinnen. Am Grenzkontrollpunkt war es ruhig. Nur ein polnisches Auto wurde abgefertigt. Plötzlich erschien ein Grenzoffizier, kontrollierte meinen Paß, bat mich zu warten und verschwand in der Baracke. Nach 20 Minuten kehrte er zurück: »Der Aufenthalt ist für Sie auf dieser Straße verboten, Sie befinden sich im Sperrgebiet.« Mein Hinweis, die Straße sei doch öffentlich und jeder dürfe bis an die Grenze heranfahren, beantwortete er so: »Das gilt nicht für Sie, ich werde Ihre Grenzverletzung dem Außenministerium melden.« Die Stasi-Männer setzten sich so aufdringlich auf unsere Spur, daß bald Autofahrten durch die DDR zu einer argen Nervenbelastung wurden. Zuweilen überfiel mich die Angst vor einem inszenierten Autounfall; ich hätte mich damals nicht gewundert, wenn sich plötzlich aus einer Seitenstraße irgendein Betonmischer vor unseren Wagen geschoben und das »Problem Loewe« auf diese Art gelöst hätte. Aber ich zwang mich immer wieder zur Ruhe. Ich hoffte auf die Vernunft und Einsicht der verständigungsbereiten Kräfte in der DDR-Führung. Es gab doch dort Männer, die genau wußten, daß ich die Politik des Ausgleichs und der Annäherung zwischen den beiden deutschen Staaten mit Herz und Verstand unterstützte. Oft genug war ich in meiner Berichterstattung für die Verbesserung der Beziehungen eingetreten. Doch ich irrte mich. Die Gegenspieler hinter der Journalistenabteilung des Außenministeriums rüsteten zur Konfrontation.

Als der seidene Faden riß

In der dritten Oktoberwoche hörte ich aus Hamburg, daß NDR-Intendant Martin Neuffer kurzfristig vom DDR-Außenministerium zu einem »beiderseits interessierenden Meinungsaustausch« nach Ost-Berlin eingeladen worden sei. Die Information überraschte mich, denn die Einladung war nicht, wie üblich, über das Ostberliner ARD-Studio gelaufen. Als ich mich in der Abteilung Journalistische Beziehungen nach Einzelheiten erkundigte, gab man sich unwissend. Auch der Intendant ahnte nicht, worüber Hauptabteilungsleiter Wolfgang Meyer mit ihm sprechen wollte, als er am frühen Morgen des 27. Oktober 1976 in unserem Ostberliner Studio eintraf. Gemeinsam fuhren wir in die Ständige Vertretung der Bundesrepublik und überlegten zusammen mit Günter Gaus und seinen Mitarbeitern, was die Genossen wohl planten. Eines war uns klar: Es mußte etwas Wichtiges sein, sonst hätten sie nicht den Intendanten eingeladen. Zum Schluß fragte mich Neuffer, an welchen Gesprächsthemen das ARD-Studio interessiert sei. Ich hatte ein Memo mit drei Punkten vorbereitet. Folgende Wünsche sollten angesprochen werden:

Erweiterung der Gültigkeit von Grenzempfehlungen für Korrespondenten, Mitarbeiter und Ehefrauen der Korrespondenten auf sämtliche Grenzübergänge der DDR (die Grenzempfehlungen gelten nur an den Übergängen in Ost-Berlin);

Ausgabe von Grenzempfehlungen an die schulpflichtigen und studierenden Kinder von Korrespondenten;

Aufhebung des Zählkartenzwanges für Korrespondenten, Mitarbeiter und Familienmitglieder der Korrespondenten beim Grenzübertritt.

Alle Bemühungen, diese drei Erleichterungen bewilligt zu erhalten, waren bisher vergeblich geblieben.

Intendant Neuffer fuhr dann, begleitet von seinem persönlichen Referenten Nienhaus, zu dem angesetzten Gesprächstermin ins Außenministerium. Ich ging unterdessen wegen einer Visaangelegenheit ins polnische Generalkonsulat, das in der Nähe des ARD-Studios liegt. Es mochte eine knappe halbe Stunde vergangen sein, da stürzte meine Sekretärin herbei und richtete mir aus, ich solle sofort ins Studio kommen, der Intendant sei bereits wieder aus dem Außenministerium zurück. Als ich ihn sah, war mir klar, daß etwas Ungewöhnliches vorgefallen sein mußte. Martin Neuffer war sehr ernst. Er zog mich mit sich fort und sagte: »Es ist schlimmer, als wir angenommen haben, das Außenministerium hat Ihre sofortige Abberufung verlangt.« Wir stiegen in den vor dem Haus wartenden Wagen und fuhren sofort in die Vertretung zu Gaus.

In der »Laube«, dem für abhörsicher gehaltenen Raum der Mission, berichtete Neuffer über das Gespräch: Günter Gaus hatte seinen Stellvertreter, Ministerialrat Dr. Hans-Otto Bräutigam, hinzugezogen. Als der NDR-Intendant den wichtigsten Punkt erwähnte: nämlich die Forderung nach meiner sofortigen Abberufung, schüttelte Bräutigam bestürzt den Kopf und sagte: »Das ist ein Schlag in das Gesicht des Bundeskanzlers.«

Botschafter Wolfgang Meyer, der Leiter der Hauptabteilung »Presse und Information«, hatte mündlich einen langen Katalog von Verfehlungen vorgetragen, die ich oder unter meiner Leitung das ARD-Team begangen haben sollte. Ich hätte:

auf der Leipziger Herbstmesse 1976 vor dem Kino Capitol eine staatsfeindliche Demonstration zu organisieren versucht,

DDR-Bürger an ihrer Pflichterfüllung gehindert, und sie beleidigt,

vor Volkspolizisten verächtlich ausgespuckt,

einen Kontrolleur auf dem Leipziger Messegelände einen »kleinen deutschen Wachtposten« genannt,

ohne Genehmigung in Grenz- oder Sperrgebieten mit dem ARD-Team gefilmt, so am 17. April 1975 im Grenzkontrollpunkt Drewitz und am 9. Juli 1975 bei der Ostseewoche in Rostock,

in Riesa DDR-Bürger aufgefordert, mir im Zusammenhang mit laufenden Verfahren Informationen zu geben und damit diese Bürger zu einschlägigen Straftaten angestiftet.

Der Katalog enthielt noch weitere Vorwürfe. Zu jeder der angeblichen Verfehlungen nannte Meyer Paragraphen des DDR-Strafgesetzbuches, gegen die ich verstoßen hätte. Mein Verhalten im Fall der Capitol-Demonstration habe die Paragraphen 106 und 217 verletzt, und die unerlaubte Filmarbeit im Grenz- und Sperrgebiet stelle einen Verstoß gegen Verordnungen des Nationalen Verteidigungsrates und des Verkehrsministeriums dar.

Angesichts der Schwere meiner Verfehlungen, so forderte Meyer, müsse die DDR-Regierung meine sofortige Abberufung verlangen. Die ARD habe jedoch die Möglichkeit, sogleich einen Nachfolger für mich zu benennen; auch mit Übergangslösungen sei man einverstanden. Eine schriftliche Fixierung der Vorwürfe lehnte Meyer ab. Der Intendant des NDR wies auf die politischen Konsequenzen für die deutsch-deutschen Beziehungen hin und teilte Botschafter Meyer knapp mit, der ARD-Korrespondent Lothar Loewe werde nicht abberufen.

Es ist unnötig zu sagen, daß die Vorwürfe Meyers völlig aus der Luft gegriffen waren. Was etwa das angebliche Filmen im Grenz- und Sperrgebiet anlangte, so konnte ich anhand meiner Unterlagen später genau rekonstruieren, daß wir an dem fraglichen Tag nicht in Drewitz, sondern auf der Autobahn Berlin-Marienborn gefilmt hatten. Auch in Sperrgebieten des Bezirkes Rostock hatten wir nicht gefilmt.

Gaus und Bräutigam zweifelten keinen Augenblick daran, daß die Vorwürfe Meyers haltlos waren. Und doch zeigten sie sich höchst alarmiert. Die mögliche Ausweisung eines ARD-Korrespondenten mußte alle Bemühungen der sozialliberalen Regierungskoalition, nach der Bundestagswahl vom 3. Oktober 1976 in der Entwicklung der deutsch-deutschen Beziehungen Fortschritte zu erzielen, entscheidend stören. Gaus erkannte klar, daß rasch gehandelt werden mußte, um möglichen Schaden abzuwenden. Durch seine Sekretärin ließ er sofort beim stellvertretenden Außenminister Kurt Nier dringend um einen Termin bitten. Der DDR-Diplomat war innerhalb von 30 Minuten sprechbereit. Es war offensichtlich, daß er auf den Anruf von Gaus schon gewartet hatte. Bevor er ins DDR-Außenministerium fuhr, kabelte Gaus noch ein Blitztelegramm an das Bundeskanzleramt.

Nier wiederholte fast mit denselben Worten, was Meyer erklärt und gefordert hatte: sofortige Zurückziehung des ARD-Fernsehkorrespondenten. Gaus' Bitte, ihm dies schriftlich zu geben, wies Nier ebenso wie Meyer ab: die Beweise seien stichhaltig, die DDR sei zudem ein souveräner Staat, der es nicht nötig habe, seine Feststellungen durch einen anderen Staat überprüfen zu lassen. Dann wurde der hohe DDR-Funktionär inoffiziell. Er verstehe gar nicht die Aufregung, lächelte Nier milde, die Regierung der DDR biete doch eine »echt elegante Lösung« an: Die ARD zieht Loewe nach außen hin aus eigenem Antrieb zurück und gibt ihm einen Korrespondentenposten außerhalb der DDR, sie ernennt einen neuen Korrespondenten für die DDR, der selbstverständlich sofort akkreditiert wird – keiner verliere dabei sein Gesicht, und die Beziehungen zwischen den beiden deutschen Staaten würden dadurch nicht belastet.

Gaus fragte zum Schluß, was die DDR zu tun beabsichtige, wenn Loewe, worüber kein Zweifel bestünde, auf seinem Posten bliebe. Nier ließ diese Frage offen, betonte aber, falls die ganze Angelegenheit in irgendeiner Form in der westlichen Presse behandelt würde, dann wäre die DDR gezwungen, unverzüglich »Maßnahmen einzuleiten«. Nier war nicht bereit, diese Maßnahmen näher zu spezifizieren.

Uns blieb nichts anderes übrig als abzuwarten. Neuffer erteilte mir die Weisung, die Berichterstattung fortzusetzen und so weiterzuarbeiten als sei nichts geschehen. Ein schwieriger Auftrag für mich und meine Mitarbeiter.

Wir hatten keine Ahnung, was die DDR-Führung in den nächsten Tagen und Wochen tun würde, wir wußten auch nicht, ob und wie lange die westlichen Zeitungen und Nachrichtenagenturen schweigen würden. Trotz aller Bemühungen, Stillschweigen zu bewahren, wuchs von Tag zu Tag der Kreis der Kollegen, die etwas von dieser Angelegenheit wußten. Allmorgendlich schlugen Gaus und ich besorgt die Zeitungen auf. Schon eine kleine Meldung in irgendeinem Blatt konnte den Ausweisungsbefehl auslösen. Aber zu unserer Beruhigung verhielten sich die journalistischen Kollegen durchweg solidarisch und verzichteten auf Veröffentlichungen der Affäre. In der Zwischenzeit ließen die DDR-Behörden jedoch keinen Zweifel daran, daß sie den »Fall Loewe« nicht auf sich beruhen lassen wollten. Die Aufenthaltsgenehmigungen für meine Familie und mich wurden nur bis zum Jahresende verlängert, und selbst kooperative Funktionäre ließen vorsichtig durchblicken, daß das Schlimmste noch nicht überstanden war.

Bei einer Begegnung in der Volkskammer bemerkte DDR-Generalstaatsanwalt Josef Streit: »Na, Herr Loewe, mir geht es wohl im Augenblick besser als Ihnen?« Ich antwortete: »Ich hoffe, daß es mir auch bald wieder besser geht.« Streit sah mich lange an: »Wer weiß, wer weiß.«

Die DDR-Diplomaten ließen keine Gelegenheit vergehen, Gaus an den Fall Loewe zu erinnern. Auch die Russen schalteten sich ein, Pressesekretär Dejew von der sowjetischen Botschaft in Ost-Berlin zu einem bundesdeutschen Diplomaten: »Wann verschwindet eigentlich der Herr Loewe, ich sehe, daß der noch immer auf dem Fernsehschirm herumgeistert.«

In dieser Atmosphäre einer fast unerträglichen Anspannung bemühten sich meine Kollegen und ich, Ruhe zu bewahren und die Berichterstattung fortzusetzen. »Business as usual«, das war leichter gesagt als getan.

Am Vormittag des 27. Oktober hatte die DDR meine Abberufung verlangt, am Nachmittag stand ich bereits wieder vor der Kamera und berichtete über die Verhandlungen, die Staatssekretär Gaus mit dem stellvertretenden DDR-Finanzminister Schmieder über den nichtkommerziellen Zahlungsverkehr begonnen hatte. Vor dem Hintergrund der Ereignisse des Vormittags fragte ich Gaus vor der Kamera:

»Wie würden Sie nach den Bundestagswahlen die deutsch-deutschen Beziehungen charakterisieren?«

Gaus: »Dazu möchte ich mich an dieser Stelle und keinesfalls gestützt auf dieses Gespräch, auf die heutige Verhandlungsrunde, nicht äußern. Die Bundesregierung geht davon aus, daß es im Interesse beider Seiten liegt, daß die Normalisierung weitergeht. Dies ist schwierig, manchmal besonders schwierig . . .«

Das nächste brisante Thema ergab sich 48 Stunden später, am 29. Oktober. Wie aus heiterem Himmel kam die Meldung, daß der SED-Chef Honecker nunmehr auch Vorsitzender des Staatsrates und damit Staatsoberhaupt der DDR geworden war. Willy Stoph wurde wieder Ministerpräsident, der bisherige Regierungschef Horst Sindermann, bei dem ich einige Sympathien genoß, wurde auf den unbedeutenden Posten des Volkskammerpräsidenten heruntergestuft. Die Machtverschiebung innerhalb der DDR-Führungsspitze war der sichtbare Beweis dafür, daß es hinter den Kulissen heftige Auseinandersetzungen gab über das Verhältnis zur Bundesrepublik, über die Wirtschaftslage und über die innere Situation der DDR. Dabei dürfte auch die westliche Fernsehberichterstattung aus der DDR eine Rolle gespielt haben. Ich kam mir vor wie ein Bauer auf dem Schachbrett, der stets damit rechnen mußte, aus dem Feld geschlagen zu werden.

Wie heftig die Kontroverse über die einzuschlagende Politik gegenüber der Bundesrepublik war, zeigte die Volkskammersitzung am 1. November. Der neue DDR-Ministerpräsident Willy Stoph erklärte: »Die Deutsche Demokratische Republik ist an keiner Verschärfung der Situation interessiert, denn dadurch würde nicht nur das Verhältnis zwischen der DDR und der BRD, sondern die internationale Lage insgesamt belastet werden. Alle Schritte seitens der Bundesrepublik Deutschland, die vom Streben nach Frieden und einem realistischen Verhalten gegenüber der DDR getragen sind, werden bei uns ein positives Echo finden . . .«

Weitaus schärfere Töne schlug in derselben Sitzung der Sicherheitschef der SED, Paul Verner, an: Was er vor der Volkskammer erklärte, schien die Worte von Stoph wieder aufzuheben. Verner wörtlich: »Unschwer ist doch zu verstehen, daß solche groben und anmaßenden Einmischungsversuche in die inneren Angelegenheiten der Deutschen Demokratischen Republik, wie sie von der Bundesrepublik Deutschland aus in den zurückliegenden Monaten betrieben wurden, die Beziehungen zwischen der Deutschen Demokratischen Republik und der Bundesrepublik Deutschland ernsthaft belasten müssen. Es steht außer Frage: Die gesteigerte Hetz- und Verleumdungskampagne gegen die Deutsche Demokratische Republik, die Sowjetunion und andere sozialistische Staaten vergiftet die Atmosphäre und schädigt jedes Klima, das für normale Beziehungen und ihre Entwicklungen unerläßlich ist.«

In jenen Novembertagen schwoll in der Ständigen Vertretung der Strom der Besucher an, die in der Ausreisefrage Rat suchten. Hundert DDR-Besucher täglich waren keine Seltenheit. Und auch vor unserem Studio und den Büros meiner Kollegen warteten manchmal schon ganze Familien, wenn wir morgens die Tür aufschlossen.

Mit den eigenen Problemen belastet, nahmen wir unsere ganze Kraft zusammen, den Ratsuchenden Mut zuzusprechen und ihnen immer wieder nahezulegen, die DDR-Gesetze nicht zu verletzen. Wir waren Seelsorger, Beichtväter und Rechtsberater in einer Person.

Anfang November hatten wir über den Besuch des DGB-Vorsitzenden Oskar Vetter bei dem Chef der DDR-Einheitsgewerkschaft FDGB, Harry Tisch, in Ost-Berlin zu berichten. Vetter hoffte, die deutsch-deutschen Gewerkschaftskontakte zu intensivieren. Aber obwohl Vetter seinen Gastgeber Harry Tisch duzte und als »Kollegen« titulierte, mußte er erkennen, daß auch der Gewerkschaftshimmel geteilt war.

Heinz-Oskar Vetter besuchte die Werkzeugmaschinenfabrik »7. Oktober« in Berlin-Marzahn. Wir wollten diesen Besuch filmen, aber die Führung des FDGB lehnte ab, und Heinz-Oskar Vetter mußte sich fügen.

Gemeinsam hielten die Gewerkschaftschefs eine Pressekonferenz ab. Dabei stellte ich folgende Frage: »Es kann ja nicht nur der Sinn sein der Entspannung, daß hohe Gewerkschaftsfunktionäre miteinander sprechen, sondern der Sinn muß ja auch sein, daß Arbeiter, deutsche Arbeiter aus Ost und West, miteinander sprechen können, unbeaufsichtigt, unbehindert, zu jeder Zeit, das bedeutet, daß sie reisen. Meine Frage an Sie als Vorsitzenden des FDGB und Mitglied des Politbüros: Sehen Sie die Möglichkeit, daß die DDR in Kürze weitere Reiseerleichterungen schaffen kann, daß Arbeiter der DDR, einzeln, nicht nur in Delegationen, in die Bundesrepublik reisen können, um mit ihren Kollegen dort gemeinsame Fragen auszutauschen?« Im Saal des modernen DDR-Gewerkschaftshauses in Berlin-Müggelheim herrschte Totenstille. Harry Tisch fixierte mich und begann zu antworten: »Ich bin darüber informiert, diese Frage ist Herrn Loewe schon hundertmal beantwortet worden, aber ich will es trotzdem noch einmal tun, weil er ja permanent diese Frage immer wieder stellt. Im Jahresbericht der UNO von 1975 wird erklärt, daß die Deutsche Demokratische Republik der zweitgrößte Touristenstaat der Welt ist. Aber ich will nicht von der allgemeinen Touristik sprechen, sondern jetzt von dem Reiseverkehr zwischen der BRD und der DDR. Seit dem Abschluß des Grundlagenvertrages bis zur Gegenwart haben ungefähr – ich berufe mich jetzt nicht auf eine Person, Herr Loewe – 30 Millionen Bürger der BRD die DDR besucht und ca. 10 Millionen Bürger der DDR die BRD. Nun frage ich: Wenn Sie davon ausgehen, daß in der BRD 60 Millionen Bürger leben und bei uns 17, was soll dann ständig diese Fragestellung, was will man dann noch? Bei uns ist die Möglichkeit gegeben, daß die Bürger nach den Gesetzen die Reisen vollziehen können, die Bürger von der BRD zur DDR kommen, darunter sind Arbeiter, darunter sind Angestellte, darunter sind Vertreter der Intelligenz, darunter sind Wissenschaftler, alle Schichten der Bevölkerung betrifft das . . .«

Diese Antwort des FDGB-Vorsitzenden Harry Tisch wurde im Deutschen Fernsehen ausgestrahlt und war am nächsten Morgen das Frühstücksthema in Tausenden von Betrieben in der ganzen DDR.

Noch hoffte ich, daß die hochschlagenden Wellen innerhalb der DDR-Führung, die meine Position bedrohten, sich wieder glätten würden, da verdunkelte ein ganz anderer Eklat die deutsch-deutschen Beziehungen.

Am 16. November bürgerte die DDR-Regierung den kommunistischen Liedermacher Wolf Biermann aus. Begründung: Er habe auf einer Konzerttournee in Westdeutschland »feindseliges Auftreten« gegenüber der DDR gezeigt und sich damit »selbst den Boden für die weitere Gewährung der Staatsbürgerschaft der DDR entzogen«.

Biermann hatte in der Tat die Verhältnisse in der DDR kritisiert, nicht erstaunlich für einen vom Regime mundtot gemachten Sänger. Bei einem viereinhalbstündigen Auftritt vor 7000 Zuhörern in der Kölner Sporthalle sang er: »Die DDR auf Dauer / braucht weder Knast noch Mauer.«

Doch zugleich nutzte der Protestsänger jede Chance, sich zur DDR als dem »besseren Staat« zu bekennen, den man nicht im Stich lassen dürfe. Wie ein Ikarus mit schmerzenden Armen kam er sich vor, wie der schwingenstarke Preußenadler auf der Weidendammer Brücke hinter dem Bahnhof Friedrichstraße in Ost-Berlin:

Es fliegt nicht weg
und stürzt nicht ab,
macht keinen Wind
und macht nicht schlapp
am Geländer der Spree.

Der Schlag gegen Biermann, vermutlich lange Zeit vorbereitet, erregte die Menschen in der DDR wie kein anderes Ereignis des Jahres. Künstler, Schauspieler und Schriftsteller sammelten sich zum Protest gegen den Ausbürgerungsakt, bis zum 19. November hatten bereits 33 DDR-Intellektuelle Biermann-Resolutionen unterschrieben. Im ARD-Büro gingen laufend Meldungen ein, die zeigten, daß alle Gegenden der Republik von der Pro-Biermann-Welle erfaßt wurden.

Aus Weißenfels wurden regimekritische Pflasteraufschriften gemeldet, ähnliche Parolen soll es an Bauzäunen am Ostberliner Stadtrand gegeben haben. Zum erstenmal wagten DDR-Bürger offenen Protest gegen eine administrative Maßnahme der Staatsmacht. Die politische Atmosphäre war so gespannt, daß spontane Streiks in den Betrieben nicht ausgeschlossen werden konnten.

Auch Staatssekretär Gaus und seine Mitarbeiter schätzten den inneren Zustand der DDR als äußerst labil und konfliktträchtig ein. Günter Gaus und ich rückten damals enger aneinander, zumal wir in der Analyse der Lage und ihrer Gefahren übereinstimmten. Wir fürchteten, daß eine plötzliche Solidarisierung der Intellektuellen und der Arbeiter innerhalb der DDR eine explosive Lage entstehen lassen könnte. Der Zustand der deutsch-deutschen Beziehungen und die innere Entwicklung der DDR kamen mir vor wie ein Bobschlitten, der ohne Steuermann und Bremser zu Tal sauste. Wir konnten nur hoffen, daß die vereiste Bahn so gut gebaut war, daß der Schlitten nicht aus der Kurve flog. Einmal sagte ich zu Gaus: »Mit zwei Kufen hängen wir schon draußen.«

Günter Gaus und ich waren nie ein leichtes Gespann gewesen. Wir waren allzu verschiedene Temperamente, wir vertraten auch verschiedene Interessen: Er, der Diplomat, in erster Linie an einem reibungslosen Verlauf der offiziellen Beziehungen zwischen Bonn und Ost-Berlin interessiert, pflegte eine Geheimniskrämerei, die uns Korrespondenten manchmal auf die Nerven ging. Er mußte im Interesse des Staates Informationen zurückhalten, ich war bemüht, ein Maximum an Informationen zu beschaffen und sie unseren Zuschauern zu vermitteln. Konflikte ließen sich nicht vermeiden, obwohl wir in der Sache, wenn es um die deutsch-deutschen Beziehungen ging, meist prinzipiell übereinstimmten.

Wen will es wundern, daß der frühere Journalist Gaus versuchte, auf unsere journalistische Arbeit Einfluß zu nehmen, sobald er von ihr eine »Störung« seiner diplomatischen Bemühungen befürchtete. Er sah es verständlicherweise nicht gerne, wenn wir »brisante Themen« behandelten.

Dabei ist jeder Journalist, der im Ostblock arbeitet, gleichsam ex officio, ein Anhänger der Entspannungspolitik; sie ist ihm Glaubensbekenntnis und Existenzgrundlage zugleich. Aber das darf nicht zu jener weichen Berichterstattung führen, die – sei es aus ideologischer Voreingenommenheit, sei es aus handwerklichem Opportunismus – die Denkschablonen der östlichen Regime übernimmt, oder sich ihnen weitgehend anpaßt. Fast alle meine Kollegen in Ost-Berlin und ich sind diesen Weg nie gegangen und der Exkollege Gaus hat dies stets respektiert. Wenn es hart auf hart ging, hat sich Gaus in Ost-Berlin immer für die Belange der Journalisten geschlagen. Er offenbarte mir vor allem in den letzten Monaten eine menschliche Seite, die mir bisher an dem kühlen Intellektuellen aus Niedersachsen nicht aufgefallen war. Die menschliche Dimension des Lebens in der DDR ging ihm unter die Haut.

Die Biermann-Affäre und ähnliche Schicksale nonkonformistischer DDR-Bürger hatten Gaus innerlich tief betroffen gemacht. Unvergeßlich der Nachmittag im November, als der Staatssekretär plötzlich wortlos das Büro verließ, unter den Augen von zahlreichen Sicherheitsbeamten die Hannoversche Straße überquerte und spontan zu Biermanns Frau Tine ging, um ihr seine persönliche Hilfe und die Hilfe seiner Frau anzubieten. Diese Betroffenheit und Erschütterung verband uns beide, und es erschien uns ganz natürlich, nach Möglichkeit alles zu tun, daß die Empörung über Biermanns Mißhandlung nicht ins Irrationale umschlug. Der deutschdeutsche Bobschlitten mußte wieder unter Kontrolle gebracht werden.

Die Leitung der ARD hatte beschlossen, am 19. November im Abendprogramm des Deutschen Fernsehens das Kölner Biermann-Konzert in voller Länge auszustrahlen. Die Sendung war auf 22.25 Uhr angesetzt, eine Zeit, zu der in der DDR bundesdeutsche Fernsehprogramme selbst in entlegenen Gegenden besonders gut empfangen werden können. Gaus und ich hofften nur, daß die Gestaltung dieses Programms der DDR-Führung keinen Vorwand liefern würde, gegen den gefährdeten Korrespondenten oder sogar gegen das ganze Studio vorzugehen. Beide leiteten wir entsprechende Hinweise der ARD zu.

Die Lage in Ost-Berlin hatte sich wieder zugespitzt. Am 17. November hatte ich in der Tagesschau berichtet: »Diplomaten, Schriftsteller und Intellektuelle befürchten, daß hier in der DDR eine frostige Periode heraufzieht.« In der Nacht zum 19. November hatten Unbekannte an mindestens zwei Stellen in Ost-Berlin am Hackeschen Markt und in Friedrichsheim Solidaritätsschriften an die Häuserwände gepinselt. Wir Korrespondenten wurden telefonisch von unbekannten Anrufern auf die Pinselei aufmerksam gemacht. Mitarbeiter der Sicherheitsbehörden hatten die Inschriften in den frühen Morgenstunden übermalt. Der DDR-Schriftsteller Stefan Heym hatte eine Dichterlesung in West-Berlin abgesagt, weil er befürchtete, die DDR-Methode der Ausbürgerung würde sich einbürgern.

Mit gemischten Gefühlen schaltete ich am späten Abend des 19. November im ARD-Büro den Fernsehapparat ein. Dann fielen die Sätze der Ansage: »So soll die Ausstrahlung dieser dokumentarischen Aufzeichnung der Bevölkerung der DDR die Möglichkeit geben, sich selbst ein Urteil über die Begründung des Vorgehens ihrer Regierung (gegen Biermann) zu bilden.« Das war eine Formulierung, die nichts von der gespannten Lage in der DDR ahnen ließ. Wie leicht würde es jetzt DDR-Demagogen fallen, die ganze ARD der Einmischung in die inneren Angelegenheiten ihres Staates zu bezichtigen.

Mir blieb nicht lange Zeit zu solchen Gedanken, denn plötzlich um 23.30 Uhr klingelte das Telefon. Ein Mitarbeiter von Günter Gaus informierte mich, in meiner Wohnung im Haus Leipziger Straße 66 sei eingebrochen worden. In der Wohnung war zu diesem Zeitpunkt niemand, meine Familie hielt sich in unserer Westberliner Wohnung auf. Mit meinem Kameramann Volker Mach fuhr ich sofort in die Leipziger Straße. Vor der aufgebrochenen Wohnungstür standen zwei Kriminalbeamte, die sich weigerten, aktiv zu werden – mit einer seltsamen Begründung: sie dürften die Wohnung nicht betreten, da sie exterritoriales Gebiet darstelle – was unsinnig war, weil Korrespondenten keine diplomatische Immunität genießen. So mußte ich allein mit meinem Kollegen die Wohnung untersuchen. Offenbar war nichts gestohlen worden, es herrschte nicht einmal Unordnung. Nur im Korridor hatte der Dieb meine Lederjacke vom Kleiderhaken gerissen und auf den Fußboden geworfen. Über die Motive des Einbruchs konnte ich nur rätseln – war es Zufall oder Provokation? Immerhin wurde der von Diplomaten bewohnte Wohnblock in der Leipziger Straße Tag und Nacht von Volkspolizisten bewacht. In der gleichen Nacht waren die Einbrecher auch bei dem über mir wohnenden finnischen Fernsehkollegen eingebrochen und im Nachbarhaus angeblich bei einem tschechoslowakischen Bürger.

Auch der Kriminalpolizeihauptmann Götze, der eine Stunde später am Tatort eintraf und nun endlich mit den Ermittlungen begann, konnte mich nicht aufklären. Er und seine beiden Kollegen führten zwar ihre Untersuchungen mit einer Gründlichkeit, als gelte es, einen Doppelmord aufzuklären, doch außer einigen Fingerabdrücken fanden sie nichts. Götze und die beiden anderen Kripobeamten (»Herr Loewe, berichten Sie doch wieder mal etwas Nettes über uns«) zogen ab und kehrten nie wieder zurück. Später erfuhr ich, der 18jährige DDR-Bürger Torsten K. sei der Einbrecher gewesen und inzwischen verhaftet worden. Meine im Außenministerium vorgetragene Bitte, Einzelheiten darüber zu erfahren, blieb unbeantwortet.

Noch spekulierte ich über den seltsamen Einbruch, da stand schon die nächste Aufregung bevor. Es war Totensonntag, der 21. November 1976. Meine Frau und ich wollten in Teupitz südlich von Berlin einen ausgedehnten Waldspaziergang unternehmen. Wir waren noch einmal im Büro vorbeigefahren, da klingelte das Telefon. Hans Jürgen Wiessner meldete sich: »Den Spaziergang durch den märkischen Wald kannst du abblasen, die DDR-Regierung will dein Studio schließen.«

Um 11.46 Uhr hatte die Nachrichtenagentur ADN über ihre Fernschreiber folgende Meldung laufen lassen:

»Wie aus führenden Kreisen in der Hauptstadt der DDR inoffiziell zu erfahren ist, wird im Ministerium für Auswärtige Angelegenheiten gegenwärtig geprüft, welche Reaktion seitens der DDR auf die Einmischung der ARD vom Freitagabend angemessen ist. Dabei wird eine Schließung der ARD-Büros nicht ausgeschlossen.«

Mit der »Einmischung von Freitagabend« war die ARD-Übertragung des Konzerts von Wolf Biermann gemeint. Ich konnte nicht länger daran zweifeln, daß ein Schlag gegen unser Büro drohte, ja selbst eine Aktion des Staatssicherheitsdienstes hielt ich für möglich. Innerhalb kurzer Zeit waren vor dem Haus in der Schadowstraße, in dem sich unser Studio befindet, verstärkte Streifen der Volkspolizei und Stasi-Beamte mit Funkwagen aufgezogen, die

Personalausweise von Passanten kontrollierten. Begründung: »Fahndungskontrolle«.

Ich rief sofort das Bundeskanzleramt in Bonn an und ließ die Staatssekretäre Schüler und Bölling alarmieren. Dann versuchte ich, Günter Gaus und seinen Vertreter Hans-Otto Bräutigam zu erreichen. Ich benachrichtigte meine ARD-Hörfunkkollegen Wolfgang Nette und Armin Beth, die Sekretärinnen und die Mitglieder beider Kamerateams. Eine Stunde später, um 13 Uhr, waren alle im ARD-Studio versammelt. Ich schilderte die Lage, wir alle waren einer Meinung: Stellung halten, nicht einschüchtern lassen. Kurz darauf trafen Ministerialrat Bräutigam und der Pressechef der Vertretung Rieger im Studio ein. Aus dem Bonner Kanzleramt rief Staatssekretär Schüler an und gab Bräutigam die Anweisung, sofort im DDR-Außenministerium für sich oder für Gaus um einen Termin zu bitten.

Kurz darauf erschien Günter Gaus im Studio. Er hatte das Mittagessen stehenlassen. Sein Kommentar zur Lage: »Nun wollen wir mal sehen, ob wir die Kuh vom Eis ziehen können.« Gaus mußte freilich noch bis zum Abend warten, ehe er im Außenministerium vorgelassen wurde. Ihn empfing der Sektorenleiter Reichel von der Abteilung Journalistische Beziehungen, den Gaus vor den schwerwiegenden Konsequenzen einer Zwangsschließung des ARD-Büros warnte. Reichel nahm die Gaus-Demarche kommentarlos zur Kenntnis.

Die Lage war so bedrohlich, daß ich beschloß, Ost-Berlin nicht mehr zu verlassen und im Studio eine Nachtwache einzurichten. In Übereinstimmung mit der Leitung der ARD wurde jede Berichterstattung vorübergehend eingestellt. Wir waren entschlossen, nur der Gewalt zu weichen.

Die Stunden verrannen, ohne daß etwas geschah. Der Montag verlief absolut ruhig. Kein Indiz verriet, was in der DDR-Führung vorging. Am Dienstag, dem 23. November, hatten die DDR-Medien plötzlich jede Berichterstattung über den Fall Biermann eingestellt – ein deutliches Zeichen, daß eine Entscheidung bevorstand. Wir wußten, daß das SED-Politbüro tagte. Da rief auf einmal am Nachmittag des 24. November Gaus an und gab uns »Entwarnung«. Er hatte in den letzten zwei Tagen Geheimgespräche mit einem hohen Mitglied des Parteiapparates geführt. Der SED-Funktionär hatte eine verblüffende Erklärung zur Hand: Die ADN-Meldung über eine drohende Schließung des ARD-Büros sei nur »Ausdruck der Pressefreiheit in der DDR« gewesen. Schließlich gebe es, so sagte er, in Washington oder Bonn jeden Tag spekulative Agenturmeldungen; das ARD-Studio werde nicht geschlossen, die DDR werde gegen keinen ARD-Mitarbeiter »Maßnahmen einleiten«, ja selbst die am 27. Oktober gegen mich erhobenen Vorwürfe seien als erledigt zu betrachten.

Wir waren noch einmal davongekommen, und doch rissen uns die Ereignisse, ob ich wollte oder nicht, immer heftiger in den Strudel der DDR-internen Auseinandersetzungen um den Fall Biermann.

Das ARD-Studio und die Büros einiger meiner Kollegen waren unversehens zu einem Auffangbecken all der Hoffnungen, Utopien und Erwartungen geworden, die die Protestbewegung gegen den Biermann-Ausschluß in der Bevölkerung geweckt hatte. Wir wurden mit Hinweisen und Anrufen fast überschwemmt, viele, allzu viele erhofften sich von uns Unterstützung ihrer Bestrebungen.

Am Vormittag des 25. November stand plötzlich der Schriftsteller Reiner Kunze, kurz zuvor aus dem Schriftstellerverband der DDR ausgeschlossen, in unserem Studio. Er wirkte müde, abgehetzt und war voller Sorge um seine Tochter, die mancherlei Drangsalierungen durch die DDR-Behörden im heimatlichen Greiz ausgesetzt war. Es war mit unserer Kulturredaktion vereinbart, daß er in einem unserer Programme erscheinen sollte.

Mein Gott, dachte ich, etwas Ruhe in der Berichterstattung würde uns nach der gerade überstandenen Krise guttun. Aber hätte ich Kunze, den Gefährdeten und Gezeichneten, abweisen sollen, ihn vertrösten auf bessere Zeiten? Ich tat es nicht und erlebte eine unvergeßliche Lesung aus Kunzes Buch »Die wunderbaren Jahre«. In mein Exemplar schrieb Kunze die Widmung: »Vom seidenen Faden zum seidenen Faden.«

Auch Robert Havemann, der mutige Kritiker des Regimes und Freund Biermanns, hatte mich gebeten, ihn vor Kamera und Mikrophon zu nehmen. Havemann: »Ich muß befürchten, daß ich vielleicht morgen dazu nicht mehr in der Lage bin. Wir sprechen vielleicht zum letztenmal miteinander.«

Abermals: Hätte ich Robert Havemann zurückweisen sollen, seit dem Hinweis, ein Interview mit ihm sei zu gefährlich, ich müßte an meine Position und an das Studio denken? Als Journalist riskierte ich allenfalls die Ausweisung, für Robert Havemann stand die persönliche Freiheit auf dem Spiel. Ich ließ die Kamera aufbauen, wir nahmen das Interview auf und daraus wurde ein bewegendes Zeitdokument.

Loewe: »Die Ausbürgerung des DDR-Sängers Wolf Biermann hat zu einer tiefen Spaltung unter den Schriftstellern, Künstlern und Intellektuellen der DDR geführt. Das SED-Zentralorgan Neues Deutschland druckt heute die Stellungnahme von 67 Persönlichkeiten, die die Ausbürgerung befürworten. Andererseits wächst der Kreis derjenigen, die gegen die Ausbürgerung in der DDR protestieren. Die Lage ist hochbrisant, der Fall Biermann ist hochpolitisch. Einer der engsten Freunde von Wolf Biermann, Professor Robert Havemann, beurteilt die Lage so:«

Havemann: »Ich finde den Protest der sehr berühmten und bedeutenden Künstler und Schauspieler gegen die Ausbürgerung als etwas ganz Einmaliges.«

Loewe: »In der DDR?«

Havemann: »In der DDR! Bisher haben wir niemals solch eine Solidarität mit einem Menschen, dem Unrecht getan worden ist, erlebt in einem solchen Umfang. Es ist ein Politikum ersten Ranges. Und die dagegen aufgebotenen anderen Leute, nun ja, ich glaube nicht, daß sie sich mit Ruhm bedecken. Entscheidend ist, daß die SED von der Methode der Einschüchterung nun absehen muß und versuchen muß, gewissermaßen sich mit den gleichen Waffen zu verteidigen, mit denen sie angegriffen wurde.«

Loewe: »Glauben Sie, daß es nun in der SED oder in der DDR und damit auch in der Presse einen wirklich öffentlichen Dialog geben wird zwischen denen, die gegen die Ausbürgerung sind und denen, die für die Ausbürgerung sind?«

Havemann: »An und für sich wäre das sehr zu begrüßen, aber ich fürchte, vorläufig wird das nicht der Fall sein. Den Mut dazu wird man nicht haben.«

Loewe: »Man hat Ihnen vorgestern, und auch Frau Biermann, das Telefon abgeschaltet offiziell durch die Post. Wie beurteilen Sie diese Tatsache?«

Havemann: »Man will nur verhindern, daß ich in Kontakt mit

der übrigen Welt bin, Interviews gebe und Freunde anrufe, mit denen ich berate, wie man weiterhin für meinen Freund Biermann eintreten kann.«

Loewe: »Sind Sie selbst behelligt worden in den letzten Tagen durch staatliche Organe?«

Havemann: »Nein, nur dadurch, daß ich immer von einer ganzen Gruppe von Autos der Staatssicherheit verfolgt wurde, wenn ich mit meinem Wagen gefahren bin, hatte ich immer einen Schwanz von vier bis acht Wagen mit, mit dreifacher Besetzung.«

Loewe: »Der Schriftsteller Jürgen Fuchs ist festgenommen oder verhaftet worden und er befand sich in Ihrem Wagen, wie ging das vor sich?«

Havemann: »Ich fuhr durch Erkner, wir waren zu dreien, zu vieren im Wagen, drei Freunde, darunter eben Jürgen Fuchs. Wir wurden plötzlich von einem Wagen der Staatssicherheit gestoppt, die Ausweise meiner mitfahrenden Freunde wurden kontrolliert, meiner übrigens nicht, und dann wurde Jürgen Fuchs rausgeholt und zum Mitgehen aufgefordert. Seitdem haben wir von ihm nichts gehört. Es war also gestern mittag.«

Kurz nach der Ausstrahlung dieses Interviews sollte es für Havemann noch ärger kommen. Er wurde unter Hausarrest gestellt, Volkspolizisten besetzten die Umgebung seines Hauses in Grünheide bei Erkner. Sein Telefon war schon früher abgeschaltet worden.

Die Informationen über Havemanns Isolierung wurden so besorgniserregend, daß Wiessner und ich beschlossen, mit unserem Kamerateam nach Grünheide zu fahren. Am Nachmittag des 27. November fuhren wir los – mitten hinein in eine der dramatischsten Konfrontationen unserer journalistischen Laufbahn. Die Burgwallstraße, in der Havemanns Haus liegt, war durch zwei querstehende Lastwagen und einen Zug Volkspolizisten gesperrt. Als Wiessner und ich aus unseren Wagen gestiegen waren und die Straße betreten wollten, stellte sich uns ein Vopo-Leutnant entgegen: »Sie dürfen hier nicht rein, hier ist gesperrtes Gebiet der Volkspolizei! Wir bitten Sie also, die Weisungen der Volkspolizei zu berücksichtigen und sich dementsprechend zu verhalten.«

Ich fragte: »Was heißt dementsprechend zu verhalten?«

Der Leutnant: »Den Weisungen nachzukommen.«

Wiessner schaltete sich ein: »Wenn ich Sie richtig verstehe, wollen Sie uns auch nicht zu Fuß hier in diese Straße hineinlassen?«

Der Leutnant: »Ich habe eben gesagt, das Gebiet ist gesperrt, und da darf kein DDR-Bürger und auch kein Bürger der BRD herein.«

Wiessner: »Können Sie das begründen?«

Der Leutnant: »Das ist nicht nötig.«

Ich: »Wir dürfen keinen Bewohner dieser Straße hier besuchen?«

Der Leutnant: »Dies Gebiet ist nicht zu betreten. Das ist alles, was ich Ihnen sagen kann, und danach richten Sie sich bitte.«

Ich: »Das heißt auch, wir dürfen mit Professor Havemann nicht sprechen?«

Der Leutnant: »Nein!«

Ich: »Und wir dürfen ihn auch nicht aufsuchen?«

Der Leutnant: »Nein!«

Der Dialog mit dem Vopo-Offizier wurde so erregt, daß ein anderer Volkspolizist auf unseren filmenden Kameramann zuging und ihm die Kamera entreißen wollte. »Fassen Sie die Kamera nicht an«, rief ich. Auch der Leutnant, der sah, daß die ZDF-Kamera die Szene aufnahm, reagierte schnell: »Keine Gewalt. Lassen Sie das!«

Wir gingen wieder zu unseren Wagen zurück. Als ich mich noch einmal umdrehte, sah ich, wie der Leutnant starr dastand und uns mit traurigen Augen nachsah. Ich hatte ein komisches Gefühl. Was konnte der Mann eigentlich dafür, daß er solche Befehle ausführen mußte? Am Abend würde er auf allen westdeutschen Fernsehscheiben zu sehen sein – wer weiß, wie seine Vorgesetzten reagieren würden?

Ich ging noch einmal zu ihm zurück. »Genosse Leutnant«, sagte ich, »Sie sind vielleicht nicht begeistert über Ihre hiesige Tätigkeit, und ich könnte mir vorstellen, daß Sie angenehmere Aufgaben erfüllen würden als hier abzusperren. Ich möchte Ihnen nur sagen, ich hätte auch gerne einen schöneren Bericht, einen der ein bißchen fröhlicher ist als das hier.«

Er sah mich sekundenlang an, ohne sich zu rühren. Dann sagte er: »Ich nehme das zur Kenntnis.«

Der Film über die Konfrontation in der Burgwallstraße erregte weltweites Aufsehen. Die meisten europäischen Fernsehstationen und viele in Übersee hatten unseren Bericht übernommen und gesendet. – Grund genug für die Funktionäre der Abteilung Journalistische Beziehungen, die westdeutschen Korrespondenten am 30. November ins Außenministerium zu rufen und vor weiteren »Übergriffen« zu warnen. Auch ich bekam wieder ihre ganze Abneigung zu spüren.

Dr. Claus warf mir in einer Zehn-Minuten-Philippika vor, ich hätte erneut gegen die Rechtsordnung der DDR verstoßen und »polizeiliche Machtorgane« ohne Genehmigung und widerrechtlich gefilmt. Ich wies das zurück: Der Leutnant in Grünheide habe zu keinem Zeitpunkt verlangt, Kameras und Tonbandgeräte abzustellen.

Am Abend des 30. November berichtete ich in der Tagesschau: »Das DDR-Außenministerium hat heute dem Korrespondenten der Deutschen Presseagentur, Dietmar Schulz, dem Leiter des ZDF-Studios in Ost-Berlin, Hans-Jürgen Wiessner und mir, dem Leiter des ARD-Studios DDR, strikt untersagt, jegliche Kontakte zu Prof. Robert Havemann, der seit einigen Tagen in Ost-Berlin unter Hausarrest steht, zu unterhalten. Die DDR-Regierung betrachtet derartige Kontakte als eine schwerwiegende Einmischung in die inneren Angelegenheiten der DDR.

Die drei Korrespondenten sind heute nachmittag ins Ostberliner Außenministerium zitiert worden. Dort wurde ihnen weiter mitgeteilt, Havemann habe die gerichtliche Auflage, bis zur Klärung seiner Angelegenheit jegliche Kontakte zu ausländischen Massenmedien zu unterlassen. Die beiden Fernsehkorrespondenten wurden außerdem ermahnt, in Zukunft nicht mehr die polizeilichen Absperrungen in Grünheide bei Berlin, dem Wohnsitz von Prof. Havemann, zu filmen.«

Von nun an gehörte ich wieder zu den bevorzugten Angriffszielen der Pressefunktionäre. An die Schar der »Genossen von der Sicherheit«, die uns beschatteten, hatte ich mich gewöhnt.

Am 9. Dezember tagte die deutsch-deutsche Grenzkommission in Magdeburg. Die Atmosphäre war aufgeladen. Ein Funktionär lud Hans Jürgen Wiessner zu Drinks ein: »Die ARD-Berichterstattung werden wir nicht mehr lange dulden, die werktätige Bevölkerung läßt sich das nicht mehr bieten.«

In unserem Ostberliner Büro erschien ein Besucher, der uns berichtete, ein Funktionär in Dresden habe ihm gesagt: »Zu dem Loewe von der ARD brauchen Sie gar nicht mehr zu gehen, der ist schon abgelöst.«

Inmitten solcher Hektik fiel mir zunächst gar nicht auf, daß ein für mich entscheidender Stichtag vorbeiging. Der 16. Dezember 1976, der Tag, an dem Helmut Schmidt seine Regierungserklärung im Bundestag verlas. Sie enthielt keinerlei großzügige Konzessionen an die DDR. Die DDR-Führung reagierte fünf Tage später. Eine Flut heftiger Kritik an der Bundesrepublik ergoß sich aus allen Quellen der DDR-Massenmedien. Die deutsch-deutschen Beziehungen näherten sich wieder dem Nullpunkt, während sich das innenpolitische Klima in der DDR weiterhin verschlechterte: Eine Welle von Verhaftungen und Verhören traf das Häuflein der Biermann-Sympathisanten.

Unsere Bewacher begleiteten uns sogar auf dem kurzen Weg vom Studio zur Ständigen Vertretung. Einmal machte mich Fahrer Gerd Duchstein auf dem Weg zur Bonner Mission darauf aufmerksam, daß uns fünf Wagen folgten. Wir wollten sichergehen, ob sie tatsächlich zu unseren Schatten gehörten. Wir fuhren einmal um den Häuserblock, die Wagen folgten uns. Wir drehten auf der Friedrichstraße um 180 Grad auf die Gegenfahrbahn, die Verfolger drehten mit. Wir hielten vor der Ständigen Vertretung, sie stoppten ebenfalls.

Ich zeigte Gaus am Fenster seines Dienstzimmers meine Eskorte. Gaus fragte ungläubig: »Und die gehören alle zu Ihnen?« Ich bejahte. Darauf Gaus: »Na, Prost Mahlzeit.«

Am 21. Dezember – ich arbeitete gerade an einem Bericht, den ich um 15.15 Uhr aufsagen sollte – erreichte mich am frühen Nachmittag die Nachricht, daß meine Frau in der Stadt einen Autounfall gehabt habe. Sie war von einem Ostberliner Lastwagen angefahren und mit ihrem Auto gegen einen anderen Wagen gedrückt worden, der eine CD-Nummer trug. Sofort fuhr ich zur Unfallstelle und ließ mir von meiner Frau erzählen, wie es zu dem Unfall gekommen war. Merkwürdig schien, daß wenige Sekunden nach dem Zusammenprall ein Zivilist aufgetaucht war, der sich nicht auswies, aber meiner Frau die Fahrzeugpapiere abnahm und den erschienenen Volkspolizisten Weisungen erteilte.

Der Mann war noch da, als ich hinzukam. Ein Straßenpassant

flüsterte mir zu: »Seien Sie vorsichtig, der ist Waffenträger.« Ich hatte immer schon Stasi-gelenkte Autounfälle befürchtet – sollte hier einer inszeniert worden sein? Der Mann weigerte sich standhaft, sich auszuweisen. Die Fahrzeugpapiere gab er nicht heraus. Die Verkehrspolizisten behaupteten, er sei ein »Freiwilliger Helfer der Volkspolizei«, der sich weigere, seine Identität bekannt zu geben. In diesem Augenblick wurde mir deutlicher als je zuvor bewußt, daß wir hier schutzlos polizeilicher Willkür ausgeliefert waren.

In dieser Nachmittagsstunde war ich verbittert, zornig und erschöpft. Die Zeit drängte, das Licht wurde schlechter, mein Kameramann mahnte zur Eile, ich entschloß mich, am Ort des Geschehens, an der Ecke Leipziger Straße/Grotewohlstraße (früher Wilhelmstraße), meinen Bericht zu sprechen. Für einen Augenblick kam mir der Gedanke, die Redaktion anzurufen und den Bericht noch abzusagen. Aber dann lief die Kamera.

Ich sprach meinen Bericht, hastig, sicher auch etwas erregt. Dann kamen die entscheidenden Sätze:

»Die Beziehungen zwischen der Bundesrepublik und der DDR sind so frostig wie lange nicht mehr. Zum zweitenmal innerhalb von vier Monaten hat es die DDR-Führung für angemessen gehalten, Bundeskanzler Helmut Schmidt persönlich in massiver Form durch das SED-Zentralorgan Neues Deutschland angreifen zu lassen. Die Ausführungen des Bundeskanzlers zur Deutschlandfrage in der Regierungserklärung erregten offenbar das Mißfallen der SED-Führung.

Besonders kritisiert wurden im ›Neuen Deutschland‹ Helmut Schmidts Äußerungen zur Einheit der deutschen Nation und zu der erschreckenden Lage an der deutsch-deutschen Grenze.

Dem Bundeskanzler wird von der SED-Führung Revanchismus und eine Politik der massiven Einmischung in die inneren Angelegenheiten der DDR vorgeworfen. Die Bundesregierung begebe sich auf einen gefährlichen Weg, heißt es in dem Kommentar.

Politische Beobachter in Ost-Berlin meinen, eine Verhärtung der deutsch-deutschen Beziehungen könne auch das Verhältnis zwischen Bonn und Moskau erneut belasten. Es stellt sich die Frage, ob Honecker mit seinen Angriffen auf den Bundeskanzler im Einverständnis mit dem sowjetischen Parteichef Breschnjew handelt.

Die Menschen in der DDR verspüren die politische Kursver-
schärfung ganz deutlich Die Zahl der Verhaftungen aus politischen Gründen nimmt im ganzen Land zu.

Ausreiseanträge von DDR-Bürgern werden immer häufiger in
drohender Form abgelehnt. Hier in der DDR weiß jedes Kind,
daß die Grenztruppen den strikten Befehl haben, auf Menschen
wie auf Hasen zu schießen.«

Das war, was wohl als der »Hasen-Kommentar« in die Medien-
geschichte eingehen wird. Ich gestehe, daß ich den Satz geschickter
und präziser hätte formulieren können. Aber die Mauer vor Augen, an der Grenzpolizisten wenige Tage zuvor auf einen Ostberliner Jungen geschossen hatten, den mysteriösen Autounfall, die
jähe Sorge, meiner Frau könnte etwas zugestoßen sein, die ständige
Konfrontation mit Stasi-Männern und Volkspolizisten – war es ein
Wunder, daß ich plötzlich für ein paar Sekunden die Fassung und
die ruhige Überlegung verlor? Hinzu kam, daß mich mittags eine
Bekannte aus einer sächsischen Industriestadt angerufen hatte. Ihr
Mann war am Vorabend wegen eines Ausreiseantrages verhaftet,
die Wohnung durchsucht worden und jetzt mußten sie ihre Tochter mit einem Blinddarmdurchbruch ins Krankenhaus bringen. Die
Frau erlitt am Telefon einen Nervenzusammenbruch. Und ich hatte
ihr nur den Rat geben können, sich an den Ostberliner Rechtsanwalt Dr. Wolfgang Vogel zu wenden.

Dieses Telefonat und die Umstände des Unfalls meiner Frau
hatten mir die letzte Kraft geraubt. Die Pressefunktionäre aber
nutzten diesen Augenblick der Schwäche und schlugen zu. Einen
Tag später, ich schrieb gerade Weihnachtsgrüße, rief mich Wehmann an und fragte mich, ob ich gegen 16 Uhr »einmal im Außenministerium vorbeikommen« könne. Das Gesprächsthema
wollte er nicht nennen. Ich schlug vor, das Gespräch auf den 23.
Dezember zu verschieben, doch Wehmann bestand auf seinem
Termin. In diesem Augenblick war mir klar, worum es ging. Ich
sagte: »Das bedeutet also, daß Sie mich offiziell vorladen.« Wehmann: »Das ist Ihre Interpretation.«

So stand ich schließlich, wo ein Jahr zuvor auch der SPIEGEL-
Kollege Mettke gestanden hatte. Pünktlich um 16 Uhr führte mich
Sektorenleiter Claus in einen fensterlosen Raum im Erdgeschoß des

Außenministeriums. Sekunden später trat Wolfgang Meyer grußlos in den Raum. Er sprach nur wenige Worte: »Im Namen der Regierung der Deutschen Demokratischen Republik« eröffnete er
mir, daß mir ab sofort meine Akkreditierung als Korrespondent
in der DDR entzogen sei und ich binnen 48 Stunden das Territorium der DDR zu verlassen habe.

Meyer behauptete, ich hätte mit meinem Tagesschau-Bericht
»Staat und Volk der DDR« in gröbster Weise diffamiert. Darüber
hinaus hätte ich mich in grober Weise mit »weiteren lügnerischen
Behauptungen« in die inneren Angelegenheiten der DDR eingemischt. Ich hätte gegen die DDR-Journalistenverordnung vom
21. 3. 73 verstoßen und schließlich mich einer »bewußt böswilligen
Verfälschung der Berichterstattung und Mißachtung der Gesetze
der DDR« schuldig gemacht. Meyer fügte hinzu, ich sei bereits
mehrfach gerügt worden und lasse »keine Einsicht auf Besserung«
erkennen.

Ich wollte protestieren und eine Begründung meiner Ausweisung
verlangen, doch Meyer schnitt mir das Wort ab. »Sie haben hier
nichts mehr zu erklären, die Unterredung ist beendet«, sagte er.
Unbeirrt fragte ich Meyer, wie ich innerhalb von 48 Stunden einen
Umzug meines persönlichen Eigentums aus der DDR bewerkstel-
ligen sollte. Meyer antwortete, die Aufenthaltsgenehmigung für
meine Familie würde bis zum 31. 12. 76 Gültigkeit behalten. Meine
letzte Feststellung, ein Umzug ließe sich wohl kaum in den Tagen
zwischen Weihnachten und Neujahr organisieren, beantwortete
Meyer mit den Worten: »Das ist Ihre Sache.« Grußlos gingen wir
auseinander.

Was in den nächsten achtundvierzig Stunden folgte, werde ich
nie vergessen. Völlig unbekannte DDR-Bürger riefen mich an und
bekundeten mir ihre Sympathie. Ein Mann aus Halle erklärte am
Telefon: »Wir sind hier eine Gruppe Genossen, mit Ihrer Berichterstattung waren wir nicht immer einverstanden, aber daß Sie jetzt
rausgeschmissen werden, ist eine Sauerei. Wir als Sozialisten
meinen, daß Sie das Recht haben müssen, so zu berichten, wie Sie
es für richtig halten.«

Einige DDR-Bürger kamen sogar ins Büro, um sich von mir zu
verabschieden. Am Mittag des 24. Dezember, wenige Stunden bevor die Ausweisungsfrist ablief, saß ich allein vor meinem leeren

Schreibtisch. Plötzlich trat Ministerialrat Dr. Bräutigam ins Zimmer und fragte mich, ob er noch irgend etwas für mich tun könne. Wir tranken ein großes Glas Wodka. Mich verband mit dem stets hilfsbereiten Diplomaten ein besonderes Vertrauensverhältnis. Beide hatten wir die Entwicklung der deutsch-deutschen Beziehungen von Anfang an miterlebt. Bräutigams politisches Urteil und seine Analysen hatten mir viele Anregungen für meine Berichterstattung geliefert. Es war ein gutes, beruhigendes Gefühl, ihn in dieser Stunde in der Nähe zu haben.

Draußen rieselte der Schnee, ich wollte noch einmal um den Block gehen. Als ich die Straße betrat, setzten sich Autos und Fußgänger in Bewegung und folgten mir. Auch auf meinem letzten Gang in der DDR blieben mir die Stasi-Schatten treu.

Ich überlegte mir den Text meines letzten Berichtes, den ich bei der Ankunft in West-Berlin sprechen würde. Was war das Fazit? Es war trotz aller Enttäuschung und Rückschläge eine schöne, eine wichtige Zeit gewesen. Ich hatte vielleicht dazu beigetragen, das Fenster zu einem Teil Deutschlands zu öffnen, der so vielen Bundesrepublikanern fremd geworden schien. Ich dachte darüber nach, daß ich diese geschichtsträchtige Straße Unter den Linden, die mir seit meiner Kindheit so vertraut war, vermutlich sehr lange nicht mehr wiedersehen würde.

Meine Gedanken brachen ab, einer meiner Beschatter war mir allzu nahe gekommen. Ich drehte mich um, ging auf ihn zu und sagte, er könne unbesorgt sein, ich würde fristgemäß um 16 Uhr die DDR verlassen, seine Kollegen würden sicher jetzt auch lieber den Weihnachtsbaum daheim schmücken, ich wünschte ihnen trotz allem frohe Weihnachten. Der Mann war sprachlos und starrte mich an. Dann sagte er leise: »Vielen Dank, ich werde es ausrichten«, und stieg ins Auto.

Vor dem ARD-Büro fuhr Pressechef Johannes Rieger vor. In seinem Auto mit dem CD-Kennzeichen fuhren wir langsam durch die menschenleeren Straßen Ost-Berlins, gefolgt wiederum von fünf Limousinen des Staatssicherheitsdienstes. Es war meine letzte Fahrt zur Grenze.

Die DDR-Posten salutierten vor dem Wagen mit dem CD-Kennzeichen.

Die DDR zwei Jahre nach Helsinki

(Bericht des ARD-Korrespondenten Lothar Loewe vor der US-Kommission für Menschenrechte)

Über zwei Jahre lang war Lothar Loewe als Korrespondent der ARD in Ost-Berlin akkreditiert, um über die DDR zu berichten, bis er am 22. Dezember 1976 von der DDR-Regierung ausgewiesen wurde. Am 25. Mai 1977 veranstaltete die Senatskommission für Menschenrechte des amerikanischen Kongresses in Washington ein Hearing, zu dem Loewe eingeladen wurde, um seine Erfahrungen über die Situation in der DDR vorzutragen. Nachstehend werden seine Ausführungen, die er in englischer Sprache machte, in der deutschen Übersetzung wiedergegeben.

Herr Vorsitzender, Mitglieder des Ausschusses, meine Damen und Herren!

Für mich als deutscher Journalist ist es eine große Ehre, vor dieser Kommission des amerikanischen Kongresses auszusagen. Ich komme, wie Sie wissen, aus Berlin, aus der früheren deutschen Hauptstadt; aus einer Stadt Europas, durch die sich als Folge des kalten Krieges noch immer die Mauer der Teilung zieht. Auch hier in Berlin verbietet die Regierung der Deutschen Demokratischen Republik noch immer Hunderttausenden von Ostberlinern die Mauer zu überqueren, um ihre Verwandten und Freunde im Westteil Berlins zu besuchen. Die DDR-Regierung hält an einem allgemeinen Reiseverbot von Ost nach West hartnäckig fest, obwohl sich SED-Generalsekretär Erich Honecker mit seiner Unterschrift unter die Schlußakte von Helsinki über Sicherheit und Zusammenarbeit in Europa im Korb III verpflichtet hat, den Reiseverkehr zu erleichtern. Die DDR-Regierung beschränkt den Ost-West-Reiseverkehr mit Ausnahme von alten Leuten und einigen anderen vor allem deshalb, weil sie befürchtet, viele der potentiellen Reisenden würden die Gelegenheit nutzen, um im Westen zu bleiben. Es ist das Dilemma der Führung Ostdeutschlands, daß sie ihren eigenen Bürgern nicht vertraut.

Immerhin hat die Regierung der DDR aufgrund des 1972 abgeschlossenen Grundlagenvertrages zwischen Bonn und Ost-Berlin wenigstens die Reisemöglichkeiten für Deutsche von West nach Ost erheblich erleichtert. Dies ist ein Fortschritt. Der Grundvertrag zwischen beiden deutschen Staaten und das Viermächteabkommen über Berlin, an dessen Abschluß die Vereinigten Staaten so wesentlichen Anteil hatten, haben erheblich dazu beigetragen, die Lage innerhalb des geteilten Berlins und auch die Lage innerhalb des geteilten Deutschlands zu verbessern.

Herr Vorsitzender, Sie müssen sich vor Augen halten, daß allgemein im vergangenen Jahr rund acht Millionen Deutsche aus der Bundesrepublik und aus West-Berlin zu Freunden und Verwandten in die DDR gereist sind. Sie kamen nicht als Kommunisten nach Ostdeutschland und sie haben auch Ostdeutschland nicht als Kommunisten verlassen. Von Ost nach West dürfen alle Leute im Rentenalter und jährlich etwa 40 000 jüngere Menschen aus besonderen Gründen reisen.

Acht Millionen Besuche von Westdeutschen in Ostdeutschland bedeuten zumindest acht Millionen Gespräche über persönliche Probleme, aber auch über Politik und Wirtschaft und über die Unterschiedlichkeit der Systeme. Acht Millionen Gespräche dieser Art wecken bei den Bürgern Ostdeutschlands Neugier und Wünsche. Wünsche nach einem besseren Leben, Wünsche nach mehr Freiheit und nach Freizügigkeit. Ich weiß aus meiner mehr als zweijährigen Korrespondentenerfahrung in der DDR, daß die Menschen dort den sehnlichen Wunsch haben, einmal über die Mauer hinweg Westdeutschland oder fremde Länder in allen Teilen der Welt zu besuchen. Dies gilt für Menschen, die dem kommunistischen System kritisch gegenüberstehen ebenso wie für Parteimitglieder, ob sie jung sind oder alt. Ich erinnere mich an das Gespräch mit einem jungen ostdeutschen Jazzmusiker, der mir sagte: »Was ist das für ein Leben, wenn ich bis zum Pensionsalter von 65 Jahren warten muß, bevor ich zum Jazz-Festival nach West-Berlin fahren darf, um Miles Davis zu hören. Bis zu diesem Zeitpunkt wird Miles Davis wohl schon tot sein.« Und ein Parteimitglied sagte mir einmal: »Ich hatte immer gehofft, daß ich eines Tages einmal die Schweizer Alpen sehen darf.« Und dann fügte er die Frage hinzu: »Ob ich dies wohl erleben werde?«

Angesichts dieser Teilung der beiden deutschen Staaten ist es nicht verwunderlich, daß nach zuverlässigen westlichen Schätzungen mehr als 100 000 Bewohner der Deutschen Demokratischen Republik den Wunsch haben, ihre Heimat legal zu verlassen, um in der Bundesrepublik zu leben.

Während meiner Korrespondententätigkeit in Ost-Berlin waren viele DDR-Bürger in meinem Büro. Sie haben mir ihren Ausreisewunsch vorgetragen. Sie haben mir Kopien ihrer Ausreiseanträge überlassen und sie haben mir voller Verzweiflung geschildert, warum sie nicht mehr in der DDR leben wollten. Viele waren nicht damit einverstanden, daß ihre Kinder im kommunistischen Sinne auf der Schule erzogen wurden. Andere hatten berufliche Nachteile, weil sie in der Gemeindearbeit der evangelischen oder katholischen Kirche aktiv waren. Dann gab es Menschen, die nicht zum Studium zugelassen wurden oder die sich weigerten, in die kommunistische Partei einzutreten und deren berufliche Aufstiegsmöglichkeiten deshalb beschränkt wurden. Andere wollten nichts weiter, als nur mit den Eltern und Geschwistern im Westen leben. Die Verzweiflung dieser Menschen war groß und meine Kollegen und ich haben in Ost-Berlin einigen dieser Hilfesuchenden die Gedanken an einen Selbstmord oder an eine andere Verzweiflungstat ausreden müssen. Dank der Bemühungen der westdeutschen Regierung durften 1976 wenigstens 4914 Ostdeutsche im Rahmen der Familienzusammenführung zu ihren Verwandten nach Westdeutschland auswandern. Im Jahre 1964 gab es nur 8 Fälle dieser Art.

Ich habe den Eindruck, daß eine Kombination von Ereignissen der jüngsten Zeit das Selbstvertrauen der Menschen nicht nur in der DDR, sondern auch in den anderen kommunistischen Ländern des Warschauer Paktes, erheblich gestärkt hat. Die Schlußakte von Helsinki, die in allen kommunistischen Ländern in vollem Text veröffentlicht worden ist, ist ein Dokument, auf das sich viele Menschen in den kommunistischen Ländern in Verhandlungen mit Staats- und Parteifunktionären berufen. Sie berufen sich außerdem auf die UN-Menschenrechts-Charta und auf die Freizügigkeitsklauseln in ihren Verfassungen. Ja sogar die kommunistische Gipfelkonferenz des vergangenen Jahres in Ost-Berlin hat vor allem intellektuelle Parteimitglieder veranlaßt, über mehr Toleranz und Menschlichkeit innerhalb der kommunistischen Gesellschaftssysteme nachzudenken.

Nach meinem Eindruck gibt es in der DDR drei Gruppen von Menschen. Zu der größten Gruppe gehören Millionen Deutsche, denen nach dieser Teilung Deutschlands nichts weiter übrigblieb, als sich nolens volens mit dem kommunistischen System zu arrangieren. Dennoch sind sie keine begeisterten Anhänger des Kommunismus. Die zweite Gruppe besteht aus einem wachsenden Kreis von Menschen, die die feste Absicht haben, unter Berufung auf die Schlußakte von Helsinki, die DDR zu verlassen, um im Westen zu leben. Und drittens gibt es eine beachtliche Gruppe von Menschen, die die Absicht haben, in der DDR zu bleiben, aber die Herrschaft bürokratischer und gnadenloser Funktionäre zu verändern, diese Herrschaft zum Wohle aller Bürger menschlicher und toleranter zu gestalten. Auch hierfür möchte ich Ihnen ein Beispiel nennen.

In der Nähe von Ost-Berlin hat ein Arzt, Direktor einer Klinik und Mitglied der kommunistischen Partei, jahrelang beim Gesundheitsministerium eine besondere Ausrüstung zur besseren Behandlung seiner Patienten beantragt. Er tat dies, weil er die Losung der Partei: »Alles zum Wohle des Menschen, alles für den Menschen« ernst nahm. Seine Anträge wurden stets abgelehnt. Der Arzt nahm sich eines Tages einen Rechtsanwalt und verklagte den Gesundheitsminister der DDR vor Gericht wegen fahrlässiger Tötung mit der Begründung, er, der Arzt, hätte das Leben vieler Patienten retten können, wenn man ihm die angeforderten Geräte zur Verfügung gestellt hätte, die übrigens im Ostberliner Regierungskrankenhaus zur Behandlung prominenter Funktionäre zur Verfügung stehen. Das Gerichtsverfahren wurde auf dem administrativen Wege abgewürgt. Der Arzt wurde nach einem Parteiverfahren aus der Partei ausgeschlossen. Aber weil er ein guter Arzt ist, blieb er Leiter seiner Klinik. Und nun kommt das interessante Ergebnis: Ich habe erfahren, daß dieser mutige Arzt vor zwei Monaten die angeforderten medizinischen Geräte endlich erhalten hat.

Dieses Beispiel zeigt, daß die Beschlüsse von Helsinki und die Bestimmungen der Menschenrechts-Charta nicht ohne Wirkung auf die Menschen in den kommunistischen Ländern bleiben. Das zeigt sich in der Sowjetunion, in Polen, in der Tschechoslowakei und auch in der DDR. Wir alle können nur hoffen, daß auch die führenden Funktionäre dieser Länder allmählich ihre Regierungs-

methoden menschlicher, toleranter und damit etwas mehr demo-
kratischer gestalten. Dazu gehört auch die generelle Freilassung
politischer Gefangener. Die westdeutsche Regierung versucht zur
Zeit 1309 Gefangene aus Gefängnissen der DDR »freizukaufen«.

Gestatten Sie mir eine kurze Bemerkung zur Lage in Deutschland. Ich glaube, wenn der Regierungsstil in Ostdeutschland
menschlicher und toleranter wäre und wenn es dort mehr Reisemöglichkeiten von Ost nach West gäbe, dann würden viele Menschen nicht den Wunsch haben, eine neue Heimat in der Bundesrepublik zu suchen, sondern sie würden in der DDR bleiben. Eine
solche evolutionäre Entwicklung wäre ein Fortschritt nicht nur
für die 17 Millionen in der DDR, sondern dies wäre auch ein Fortschritt für die Entspannung in Europa. Wir Deutsche leben heute
als Folge des Krieges in zwei deutschen Staaten. In der Bundesrepublik mit der Hauptstadt Bonn und in der Deutschen Demokratischen Republik mit der Hauptstadt Ost-Berlin. Obwohl wir
in zwei Staaten leben, empfinden wir uns, das gilt für die über-
wältigende Mehrheit aller Deutschen, trotz dieser Spaltung als Angehörige einer Nation. Die Beziehungen zwischen diesen beiden
deutschen Staaten sind noch immer schwierig und manchmal gespannt. Aber diese Beziehungen sind heute viel besser als vor zehn
Jahren. Im Interesse der Einheit der deutschen Nation und im Interesse der positiven Entwicklung der Beziehungen zwischen den
beiden deutschen Staaten wäre es nicht wünschenswert, wenn sich
in der DDR eine Bewegung des Massenexodus nach Westen entwickeln würde. Es muß unser Ziel bleiben, daß auch in Ostdeutschland weiterhin Deutsche leben, die glücklich und zufrieden leben,
denn sie sind, ob Kommunisten oder nicht, Deutsche, unsere
Landsleute, mit denen wir uns eng verbunden fühlen.

In meiner journalistischen Karriere gehörte es zu den faszinie-
rendsten Aufgaben für das Deutsche Fernsehen ARD aus der
DDR in die Bundesrepublik und damit auch für die Menschen in
der DDR zu berichten. Aufgrund der Journalisten-Vereinbarung
zwischen den beiden deutschen Staaten sind die journalistischen
Arbeitsmöglichkeiten in der DDR besser als in den meisten übrigen Ostblockstaaten. In Ost-Berlin sind zur Zeit 16 westdeutsche
Korrespondenten akkreditiert. Darunter drei für das Fernsehen,
zwei für den Rundfunk und die übrigen für Zeitungen und Nach-

richtenmagazine.

Der Vorzug meiner Tätigkeit in der DDR bestand darin, daß mir zwei dreiköpfige Kamerateams meiner Heimatstation zur Verfügung standen. Meine Mitarbeiter und ich genossen volle Freizügigkeit in der DDR und wir durften Filme, Tonbänder, Manuskripte und Informationsmaterial jeder Art bevorzugt und unzensiert über die Grenze bringen. Wir hatten die Möglichkeit, mit jedem Bürger der DDR, der dazu bereit war, vor der Kamera oder auch ohne Kamera zu sprechen und der Mut der Leute, offen mit uns zu sprechen, war bemerkenswert. Die Beschränkungen bezogen sich, wie in allen kommunistischen Ländern, auf die Berichterstattung aus Industriebetrieben und Behörden. Sogar das Filmen in einem Kaufhaus war genehmigungspflichtig. Die DDR-Regierung versuchte uns mit einer sogenannten Journalistenverordnung auf ausschließlich offizielle Informationsquellen zu begrenzen. Die Entscheidung darüber, was eine faktisch korrekte und sachliche Berichterstattung war, fällte das DDR-Außenministerium.

Dennoch war es für mich möglich, mehr als zwei Jahre lang aus der DDR umfassend und erfolgreich zu berichten, offenbar zu erfolgreich, sonst hätte mich die DDR nicht zur persona non grata erklärt.

Darf ich Ihnen zum besseren Verständnis der Lage erläutern, daß die 17 Millionen Bewohner der DDR zu den best-informierten Menschen im kommunistischen Lager gehören. Sie haben zwar keinen Zugang zu westlichen Zeitungen, aber sie haben die Möglichkeit, die Sendungen der Rundfunkstationen aus West-Berlin, das inmitten der DDR liegt, und aus der Bundesrepublik überall klar und deutlich zu hören. Außerdem erreichen die Fernsehsendungen meines Systems, der ARD, 80 Prozent des Territoriums der DDR und die Sendungen des Konkurrenzsystems, des ZDF, erreichen etwa 60 Prozent des Territoriums der DDR. Das westliche Fernsehen, vor allen Dingen die Informationssendungen erfreuen sich bei Millionen DDR-Bewohnern großer Beliebtheit. Sie sind eine Primärquelle freier, unbehinderter und ungefilterter Informationen. In der DDR gibt es etwa drei Millionen Fernsehgeräte, in der Bundesrepublik 18 Millionen.

Eine dieser westlichen Informationsquellen ist der RIAS, der Rundfunk im amerikanischen Sektor von Berlin. Ein Sender, der von der USIA betrieben und dessen Programm von deutschen Journalisten gestaltet wird. Die Sendungen von RIAS erfreuen sich bei der Bevölkerung der DDR großer Beliebtheit. Als RIAS im vergangenen Jahr eine achtstündige Nachtsendung über die Geschichte der Rock-Musik ausstrahlte, waren in vielen Radiogeschäften der DDR die Tonbänder ausverkauft. Hunderttausende von ostdeutschen Jugendlichen schnitten diese Sendung nachts mit. Dennoch widerspricht es eindeutig Geist und Buchstaben der Schlußakte von Helsinki, daß die Sendungen des RIAS auf der Mittelwelle seit Jahren gestört werden. Ich habe vor der Helsinki-Konferenz im Sommer 1975 den stellvertretenden DDR-Außenminister Ewald Moldt auf einer Pressekonferenz gefragt, ob die DDR-Behörden nach der Konferenz von Helsinki die Störung der RIAS-Sendungen unterlassen werden. Der stellvertretende DDR-Außenminister Moldt bezeichnete meine Frage als entspannungsfeindlich, provokatorisch und verleumderisch. Eine Antwort gab er nicht und an den Störmaßnahmen gegen RIAS hat sich auch nach der Konferenz von Helsinki nichts geändert.

Frühere Versuche in der DDR, die Bevölkerung am Empfang des West-Fernsehens zu hindern, blieben wegen des passiven Widerstandes erfolglos. Eine elektronische Störung der Fernsehsendungen ist zur Zeit technisch nicht möglich und deshalb sind die Sendungen des Westfernsehens in der DDR gut zu sehen sowie auch die Sendungen des Ost-Fernsehens in West-Berlin und in den östlichen Teilen der Bundesrepublik klar zu empfangen sind. Hier besteht also ein Wettbewerb der Informationsmedien. Ein Wettbewerb, den die DDR offenbar fürchtet, obwohl ihre Spitzenfunktionäre einschließlich der Mitglieder des Politbüros unsere westlichen Nachrichtenprogramme Abend für Abend aufmerksam beobachten.

Es gibt zwei Faktoren, die viele Politiker und Journalisten im Westen nach der Konferenz von Helsinki nicht richtig beurteilt haben. Viele von uns hatten zu optimistisch gehofft, daß die Regierungen der Länder des Warschauer Paktes ihre in Helsinki eingegangene Verpflichtung, für einen freieren Informationsfluß zu sorgen, ernster nehmen würden. Wir hatten weiter gehofft, die kommunistischen Regierungen würden bereit sein, eine kritische Berichterstattung westlicher Journalisten besser als bisher zu ertragen. Und wir hatten schließlich gehofft, die Regierungen kommunistischer Staaten würden endlich nach Helsinki unter dem Eindruck der Schlußakte ihre seit Jahrzehnten geübte Praxis aufgeben, westliche Journalisten wegen ihrer Korrespondententätigkeit auszuweisen. Diese Hoffnungen haben sich als falsch erwiesen.

Es ist interessant, daß die Regierung der Deutschen Demokratischen Republik in Ost-Berlin die erste Regierung des Ostblocks war, die nach der Konferenz von Helsinki schon zu Weihnachten 1975 mit der Journalistenausweisung begann. Mein Kollege, der Korrespondent des Magazins »Der Spiegel«, Jörg Mettke, wurde wegen eines kritischen Artikels über die Zwangsadoption von Kindern geflüchteter Eltern, den er gar nicht geschrieben hatte, innerhalb von 48 Stunden ausgewiesen. Ich selbst wurde ein Jahr später zu Weihnachten 1976 von den Ostberliner Behörden ebenfalls innerhalb von 48 Stunden ausgewiesen. Die diplomatischen Proteste der Bundesregierung blieben ohne Erfolg.

Mir wurde von der DDR-Regierung die »gröbste Diffamierung des Volkes und der Regierung, grobe Einmischung in die inneren Angelegenheiten der DDR« sowie »vorsätzliche und böswillige Verletzung der Rechtsordnung der DDR« vorgeworfen. Ich brauche Ihnen nicht zu sagen, daß diese Vorwürfe völlig ungerechtfertigt und falsch sind. Ich hatte in einem Fernsehbericht am 21. Dezember 1976 auf die kritische innenpolitische Lage der DDR hingewiesen. Ich hatte über die wachsende Zahl von Verhaftungen aus politischen Gründen gesprochen, ich hatte die Ablehnung von Ausreiseanträgen in drohender Form kritisiert und ich hatte schließlich mit einem Hinweis auf die unmenschliche Situation an der Grenze mitten in Deutschland und mitten in Berlin zum Schluß angemerkt, daß jedes Kind in der DDR wisse, daß die Grenztruppen der DDR strikten Befehl hätten, auf Menschen zu schießen, wie auf Hasen. Dies, so meine ich, ist sicher eine offenherzige und freimütige Beschreibung der Lage an der Grenze, die aber der Führung der DDR nicht das Recht gibt, gegen die Journalistenvereinbarung der beiden deutschen Staaten und gegen Geist und Buchstaben der Schlußakte von Helsinki eklatant zu verstoßen und mich auszuweisen.

Wer je in Deutschland diese Grenze mit eigenen Augen gesehen hat, der weiß, wie unmenschlich sie ist mit ihren Minenfeldern,

Selbstschußanlagen, Stacheldraht, Wachttürmen, Bluthunden und Posten. Im vergangenen Jahr sind nachweislich drei Menschen von DDR-Grenzwachen erschossen oder verletzt worden. Es gibt leider auch Fälle, in denen DDR-Grenzwachen von Flüchtlingen oder von Kriminellen getötet wurden. Ich möchte mich hier sehr klar ausdrücken und betonen, daß ich auch diese Gewaltaktionen verabscheue.

Es war das Ziel meiner Berichterstattung aus der DDR, die Zuschauer in West und Ost korrekt, schnell und so zuverlässig wie möglich zu informieren. Ein Hauptthema meiner Berichterstattung war, dazu beizutragen, daß ganz generell der Gewaltanwendung gegen Menschen an der Grenze zwischen den beiden deutschen Staaten und in Berlin endlich ein Ende gesetzt wird. SED-Generalsekretär Erich Honecker und einige Spitzenfunktionäre wissen aus Interviews und Gesprächen mit mir sehr genau, wie sehr mir der Verzicht auf Gewaltanwendung an dieser Grenze am Herzen lag. Um so ungerechtfertigter war meine Ausweisung.

Es besteht kein Zweifel, daß die Lage an der Grenze zwischen der Bundesrepublik und der Tschechoslowakei oder an der Grenze zwischen Österreich und Ungarn wesentlich humaner ist als an der Grenze zwischen den beiden deutschen Staaten. Es wird dort weniger geschossen.

Der wahre Grund meiner Ausweisung aus der DDR lag nach meinem Eindruck darin, daß wir Fernseh- und Radiokorrespondenten in vielen Berichten über die Lage in der DDR nicht nur den Zuschauern in der Bundesrepublik, sondern auch den Zuschauern in Ost-Berlin und in der DDR interessante Primärinformationen schnell und umfassend lieferten, die in den kommunistischen Massenmedien weder gedruckt noch gesendet wurden. Dies bezieht sich auf Grippeepidemien, Verknappung in der Lebensmittelversorgung ebenso wie auf politische Vorgänge. Diese interessanten Primärinformationen machten uns bei unseren Zuschauern in der DDR zu bekannten und offenbar auch populären Gestalten. Es gibt heute in der DDR kaum einen wesentlichen Vorgang, der den dortigen westlichen Korrespondenten verborgen bleibt. Die Überschaubarkeit des Territoriums, die fehlende Sprachbarriere und die Bereitwilligkeit vieler Menschen, uns Korrespondenten Informationen zu geben, trugen dazu bei, daß meine Kollegen und ich über die Lage der Dinge ziemlich gut informiert sind. Ich meine, daß es für die Regierung der DDR offenbar unangenehm ist, daß die westlichen Korrespondenten in ihrem Land so gut Bescheid wissen. Aber auch die Führer in Ost-Berlin müssen lernen, mit gut informierten westlichen Journalisten zu leben. Auch das gehört zum Entspannungsprozeß.

Solange die kommunistische Presse in der DDR und auch in den anderen Ostblockstaaten nicht den Mut aufbringt, ihre Tabus zu brechen und fortfährt ihre Leser, Zuschauer und Zuhörer einseitig und parteilich, anstatt umfassend, möglichst objektiv und wahrheitsgemäß zu informieren, werden die westlichen Medien auch in Zukunft die einzige populäre Quelle zuverlässiger Informationen bleiben.

Im Hinblick auf die am 15. Juni in Belgrad beginnende Helsinki-Nachfolgekonferenz muß es das Bestreben der westlichen Regierungen bleiben, die östlichen Mitunterzeichner der Schlußakte von Helsinki energisch zu drängen, die freie unbehinderte Berichterstattung von Korrespondenten nicht zu beeinträchtigen. Die Regierungen des Warschauer Paktes sollten ermahnt werden sich zu verpflichten, auf die Praxis der Bestrafung durch die Ausweisung von Journalisten endgültig zu verzichten, denn die Praxis der Journalisten-Ausweisung fördert nicht die Entspannung, sondern ist ein Akt, der sich klar und eindeutig gegen die Entspannung und das friedliche Zusammenleben der Völker richtet.

Fascell: Vielen Dank für einen sehr interessanten und kompetenten Bericht über die Lage, so wie sie ist. Ich muß sagen, daß ich es bedauere, daß die Deutsche Demokratische Republik es für notwendig befand, Sie auszuweisen, einfach weil Sie die Wahrheit gesagt haben, aber ich nehme an, so ist es nun einmal zur Zeit.

Ich stimme mit den Empfehlungen und Zielen, die ihrer Meinung nach in Belgrad durchgesetzt werden müssen, vollkommen überein. Ich glaube nicht, daß es da irgendeine Frage gibt.

Wie steht es mit dem Rest von Osteuropa – ist es dort mehr oder weniger gleich oder gibt es größere Unterschiede?

Loewe: Meiner Erfahrung nach und aufgrund meines Meinungsaustausches mit Kollegen verschiedener Nationalitäten gibt es, so glaube ich, Unterschiede. Ich meine, die Situation ist immer noch ziemlich schwierig, obwohl, wie Sie wahrscheinlich wissen, in der Sowjetunion eine Besserung eingetreten ist. Es ist ein großes Land und die Bewegungsmöglichkeiten sind sehr begrenzt. Man muß immer noch einen Antrag beim sowjetischen Außenministerium stellen, um über dieses Land mit vielen gesperrten Gebieten zu berichten.

Ich glaube, wir haben einen Fortschritt gemacht, den, wie ich meine, die amerikanischen Medien bis jetzt noch nicht nachvollzogen haben. Was das deutsche Fernsehen betrifft, so mußten wir jahrelang sowjetische Kameraleute und sowjetische Aufnahmeteams verwenden – wir haben letztes Jahr die Genehmigung erhalten, einen westdeutschen Kameramann und einen westdeutschen Assistenten – in Moskau zu stationieren, was, wie ich meine, wegen der Auswahl der Bilder, die man aufnimmt, sehr wichtig ist – solange man einen sowjetischen Kameramann hat, steht er unter einem gewissen Druck seitens seiner Vorgesetzen. Die neue Regelung ist also ein Fortschritt, aber ein begrenzter Fortschritt.

Die Situation in Polen ist ähnlich, obwohl es einen Unterschied gibt. In Polen können sich Korrespondenten in ganz Polen sehr frei bewegen, und ich würde sagen, daß die Situation viel besser ist als in der Sowjetunion, soweit es das Fernsehen betrifft. Korrespondenten müssen sich auf polnische Kamerateams verlassen, aber die ganze Atmosphäre und das Klima scheinen trotz gewisser gelegent-

127

licher Rückschläge entspannter zu sein.

In der Tschechoslowakei, wo die Situation ziemlich kritisch ist, hat unser Fernsehen einen Korrespondenten in Prag mit einem westdeutschen Kamerateam, was wichtig ist, und sie können sich frei bewegen und Filme produzieren, aber sie unterliegen den üblichen Restriktionen, wie die anderen Kollegen auch.

In Ungarn, glaube ich, wenn man hineinkommt – die Ungarn erteilen Visa –, sind die Möglichkeiten, aus Ungarn zu berichten, ziemlich gut, ziemlich liberal.

In Rumänien ist es anders. Es ist etwas komplizierter, obwohl wir dort auf vorläufiger Basis Korrespondenten haben, aber intern ist das System ziemlich straff; die Überwachung ist ziemlich streng, und ich glaube, man kann sich innerhalb von Rumänien nicht ohne Begleitung bewegen.

Fascell: Senator Case, haben Sie irgendwelche Fragen?

Case: Ihre Aussage ist höchst interessant, Mr. Loewe. Sie sind Deutscher?

Loewe: Ja.

Case: Und Sie wollen Deutscher bleiben, und Sie wollen, daß die deutsche Nation existiert und erhalten bleibt?

Loewe: Darüber gibt es keinen Zweifel.

Case: Meinen Sie, daß der Osten und der Westen sich vereinen sollten und daß diese philosophische Betrachtungsweise etwas ist, das Ihrem Gefühl nach die meisten Deutschen noch haben?

Loewe: Ja, ich würde sagen, die Frage der Vereinigung – nicht Wiedervereinigung, sondern eher Vereinigung, weil sich die beiden deutschen Staaten nach dem Zweiten Weltkrieg historisch auf verschiedene Weise entwickelt haben, aber ich hege keinerlei Zweifel, daß, würden alle Deutschen in der Bundesrepublik und in der DDR heute befragt werden – ob sie gern in einem Land oder in einem Staat zu leben wünschten, ich bin überzeugt, daß sie – daß die überwiegende Mehrheit es vorziehen würde, in einem Land zu leben. Das bedeutet sicherlich nicht, unter dem kommunistischen Regime, das in der DDR herrscht, sondern in einem vereinten Deutschland in einer Demokratie westlichen Stils.

Ich glaube trotzdem, daß die Chance auf Vereinigung außerordentlich gering ist. Aber ich glaube, es wäre ein großer Fortschritt, wenn die beiden deutschen Staaten in der Lage wären,

Beziehungen zu entwickeln, die denen heute zwischen der Bundesrepublik und Österreich ähnlich sind. Wir haben freien Austausch zwischen der Bundesrepublik und Österreich in beiden Richtungen – für einen Österreicher in Westdeutschland oder für einen Westdeutschen in Österreich gibt es wirklich keinen Unterschied. Es gibt nur eine andere Währung.

Sollte sich die DDR evolutionär verändern und sich in Richtung auf mehr Toleranz, mehr Menschlichkeit, mehr Freiheit und mehr Bewegungsfreiheit von Ost nach West entwickeln, dann, glaube ich, würde das die Teilung Deutschlands erheblich mildern und würde helfen, diese Nation zusammenzuhalten.

Case: Ich verstehe. Es ist eine faszinierende Vorstellung, auf diese Weise Einblick in das Denken von jemand anderem zu haben. Wir beziehen unsere Vorstellungen aus verschiedenen Quellen und sehr selten aus einer Quelle, die so authentisch ist wie Sie.

Was bedeutet das im Hinblick auf die Zukunft? Sollte Deutschland immer noch gefürchtet werden, wie es von Rußland gefürchtet wird?

Loewe: Nun, Mr. Senator, –

Case: Ich nehme an, dies sind Dinge, über die Sie Bescheid wissen.

Loewe: Also, um Ihnen meine persönliche Ansicht darüber zu geben, ist das sicherlich heutzutage eine wichtige Frage; wenn Sie an das Europa von heute 65 Millionen Westdeutschen und 17 Millionen Ostdeutschen, an das Industriepotential beider deutscher Staaten denken – so ist es eine Frage, abgesehen von den politischen Unterschieden zwischen den beiden Systemen, ob ein vereinigtes Deutschland für die anderen europäischen Nachbarn im Westen und im Osten erträglich wäre. Dies gilt für beide Staaten, und die Frage ist, ob dies wünschenswert ist oder nicht. Ich persönlich meine, daß es nur drei Nationen – drei Länder gibt, die das akzeptieren könnten, weil sie extrem mächtig sind – die Vereinigten Staaten, die Sowjetunion und China.

Aber in Europa würden sich, so glaube ich, Holländer – die Dänen, Polen, Tschechen aufgrund der jüngsten deutschen Geschichte möglicherweise unbehaglich fühlen. Aber ich würde nicht sagen, daß Deutschland eine Bedrohung ist. Die Bundesrepublik ist keine Bedrohung und die DDR für sich ist keine Bedrohung, weil sie von den Russen kontrolliert wird.

So liegen die Probleme, und ich analysiere nicht in Begriffen der unmittelbaren Zukunft – als realistische Politik für die nächsten zwanzig oder dreißig Jahre. Ich rechne so bald nicht mit einem vereinigten Deutschland, aber statt dessen mit einem sich wandelnden Klima in Europa, und wir hoffen auf einen Situationswandel – auf evolutionäre Veränderungen in Ostdeutschland, die es den beiden deutschen Staaten erleichtern, miteinander auszukommen.

Case: Was, wenn ich Sie recht verstehe, die große Masse des Volkes wünscht?

Loewe: Ja.

Case: Kannten Sie Senator Cooper?

Loewe: Ja, ich war in Ost-Berlin, als die amerikanische Botschaft eröffnet wurde. Wir waren zufällig Nachbarn im selben Gebäude, das Deutsche Fernsehen war im Erdgeschoß und Senator Cooper residierte im vierten Stock, ich traf ihn häufig und ich kannte Diplomaten der amerikanischen Botschaft. Ich habe den Eindruck, daß die Botschaft dort drüben in Ost-Berlin hervorragende Arbeit leistet.

Case: Wir sind sehr voreingenommen. Wir meinen, daß Botschafter Cooper die Spitze ist, und er war ein außerordentlich fähiger Mann auf diesem Posten.

Loewe: Ich stimme zu.

Case: Ich glaube nicht, daß ich irgendwelche Fragen habe, die ich Ihnen noch stellen möchte. Werden Sie sich eine Weile hier aufhalten?

Loewe: Ich werde ein paar Tage hier in Washington sein und dann nach Deutschland zurückgehen.

Case: Werden Sie auf jeden Fall uns noch zur Verfügung stehen?

Loewe: Ja.

Case: Hier oder in Deutschland?

Loewe: Ich werde hier oder in Deutschland zur Verfügung stehen.

Case: Danke, Mr. Chairman.

Fascell: Ich möchte Ihnen eine Frage über Repressalien bei Ausweisungen stellen. Ich stelle in Ihrem Fall fest, wie mir mitgeteilt wurde, daß Bonn nicht in der gleichen Weise reagiert hat.

Wir hatten den Fall des Associated-Press-Korrespondenten in Moskau, und wir haben Vergeltungsmaßnahmen getroffen, aber wie reagieren Sie darauf vom Standpunkt des Korrespondenten?

Loewe: Lassen Sie es mich so sagen. Ich glaube, daß die westlichen Regierungen, die Regierung der Vereinigten Staaten, die westdeutsche Regierung – alle Regierungen sich Methoden überlegen müssen, um die Ostblockländer von der Ausweisung von Journalisten abzuschrecken.

Fascell: Mit anderen Worten, wir müssen darin entschiedener sein.

Loewe: Ja, genau. Ich meine daß die Deutschen in der Vergangenheit Vergeltung geübt haben, indem sie andere Korrespondenten auswiesen, soweit es die Sowjetunion betrifft. Es hat funktioniert, obwohl ich für die Freiheit der Berichterstattung meiner kommunistischen Kollegen eintrete, ob sie nun Ostdeutsche, Russen, Chinesen oder anderer Nationalitäten sind. Sie dürfen und sollen berichten, was immer sie für richtig halten.

Deshalb sollten sie keinerlei Benachteiligungen ausgesetzt werden.

Sollten zum Beispiel die Sowjetunion oder die DDR fortfahren, westliche Korrespondenten auszuweisen, so meine ich in der Tat, daß es gut wäre, Vergeltungsmaßnahmen zu treffen und jemanden nach Hause zu schicken, obwohl mir klar ist, wie problematisch diese Praxis ist.

In der Bundesrepublik dürfen wir das nicht, weil nach dem Grundgesetz Deutsche, selbst Ostdeutsche, wenn sie sich in der Bundesrepublik aufhalten, verfassungsmäßig als Deutsche betrachtet werden.

Fascell: Also erhalten Ostdeutsche den Schutz der westdeutschen Verfassung?

Loewe: Ja, und ich befürworte nicht die Ausweisung Deutscher aus Deutschland. Genau das ist mir passiert, und ich lehne die Ausweisung von DDR-Korrespondenten aus Bonn ab. Dies steht im Gegensatz zu unserer Überzeugung, denn die Nationalsozialisten und Hitler taten dies. Wir hatten eine »traurige« Tradition der Ausbürgerung und Ausweisung. Ich hoffe nur, daß in der deutschen Geschichte nach 1945 diese Praktik aufhört, und deswegen, glaube ich, ist es sehr bedauerlich, daß Herr Honecker und seine Kollegen diese Praktik der Ausweisung von Journalisten immer noch anwenden.

Fascell: Das ist sehr überzeugend für mich, und ich hoffe, es würde für andere ebenso überzeugend sein.

Lassen Sie mich Ihnen eine andere Frage stellen. Ich entdeckte bei der Informationsreise durch Europa, daß es Meinungsverschiedenheiten im Zusammenhang mit der Behandlung der Menschenrechtsfrage gibt, was Stil und Auslegung betrifft und ob zum Beispiel dieses Problem öffentlich behandelt werden sollte oder nicht – oder öffentlich betont werden sollte, oder ob wir immer auf die Methode der stillen Diplomatie zurückgreifen sollten?

Da Präsident Carter eine so starke und freimütige Position einnimmt, bin ich persönlich der Meinung, daß man diese Angelegenheit offen diskutieren muß.

Ich frage mich jedoch, ob es in Europa in dieser Frage unterschwellige Gegenströmungen gibt? Einige unserer Freunde meinen vielleicht, daß wir zu weit, zu hastig, zu hart und zu öffentlich vorgehen.

Loewe: Mr. Chairman, ich glaube, daß die jüngste Rede des Präsidenten der Vereinigten Staaten zur Außenpolitik – und die Stellungnahme des Präsidenten zu den Menschenrechten – die Zustimmung vieler Menschen in Europa findet. Es ist eine alte amerikanische Tradition, sich für die Menschenrechte einzusetzen, und ich denke, der Präsident hat deutlich gemacht, daß, gleichgültig ob man im Osten oder im Westen lebt, die meisten Länder gewisse Menschenrechtsprobleme haben.

Ich glaube, wir haben sie in Deutschland. Sicherlich gibt es Arbeitslosigkeit, und das Grundrecht der Menschen auf Arbeit ist ein Menschenrecht, und wenn Menschen arbeitslos sind, dann werden ihre Menschenrechte verletzt, obwohl dies nicht aufgrund einer Regierungspolitik geschieht.

Ich denke, es ist sehr richtig, und ich unterstütze es persönlich, sich deutlich über Menschenrechte zu äußern, aber sich deutlich über Menschenrechte zu äußern, heißt auch, daß man die Fähigkeit, eine wirkungsvolle Außenpolitik zu betreiben, wahren muß.

Es ist wichtig, die richtige Mischung von beidem zu finden – es hilft niemandem, wenn man sich nur deutlich über Menschenrechte äußert, ohne etwas zu tun. Ich glaube, dies war der Grund für einige Besorgnis bei den Europäern. Es war nicht zu befürchten, daß wir mit der Stellungnahme zu den Menschenrechten nicht einverstanden wären. Ich glaube, wir sind alle damit einverstanden. Zu befürchten war aber, daß man, wenn man diese Frage zu sehr betont, die innere Situation gewisser kommunistischer Länder in einem solchen Ausmaß aus dem Gleichgewicht bringen könnte, daß sie sich sehr explosiv entwickeln würde. Das wäre eine Sorge, zum Beispiel im Hinblick auf Polen.

Zweitens, was die Deutschen betrifft, war die deutsche Regierung – und auch die früheren, in *einer* Menschenrechtsfrage, nämlich der Familienzusammenführung, Menschen deutscher Nationalität aus kommunistischen Ländern herauszuholen, außerordentlich effektiv. Es gibt kaum ein kommunistisches Land, aus dem wir nicht Deutsche herausholen möchten. Wir möchten Familienzusammenführung von Ostdeutschland nach Westdeutschland erreichen. Es gibt ein Abkommen zwischen der Bundesrepublik und Polen über die Ausreise von 125 000 Deutschen aus Polen, und der Zustrom nimmt zu.

Wir haben dasselbe Problem mit der Sowjetunion, und es funktioniert immer noch nicht zufriedenstellend, aber die Anzahl der Menschen mit einer Ausreisegenehmigung ist größer als früher. Ein anderes Problem: In der Tschechoslowakei, besonders mit Kindern, die zu ihren Eltern wollen. Wir haben das Problem in Rumänien, und es ist sehr schwierig und sehr delikat. In Deutschland herrscht also die Ansicht, man müsse sich auf die Menschenrechte berufen, wo es hilft, und dann sehr explizit entschieden sein, aber in jenen Bereichen, in denen eine deutliche Sprache nicht helfen würde, wäre es nützlicher, stille Diplomatie zu betreiben.

Fascell: Das ist eine Frage des Stils und der diplomatischen Mittel.

Loewe: Ja, es ist mehr eine Frage des Stils als des Prinzips.

Fascell: Aufgrund meiner eigenen Eindrücke bei der US-Regierung bin ich ziemlich sicher, daß wir uns dieser Tatsache voll bewußt sind, daß wir Menschenrechtspolitik nicht unter Außerachtlassung aller anderen internationalen Probleme betreiben können. Aber wir meinen auch, daß es öffentlich zu geschehen hätte. Wir sollten nicht ängstlich oder besorgt sein, eine deutliche Sprache zu sprechen. Darin stimme ich sicherlich mit Ihnen überein.

Gibt es noch Fragen?

Fascell: Mr. Friendly.

Friendly: Nur eine. Welche Auswirkung der Helsinki-Schlußakte im Zusammenhang mit Bürgerrechtsbewegungen haben Sie während der zwei Jahre, die Sie in Ostdeutschland waren, bemerkt?

Loewe: Das Interessante ist wirklich – wie ich in meiner Erklärung sagte – die kommunistischen Länder haben die Schlußakte vollständig abgedruckt, was die meisten westlichen Länder in ihren Hauptpublikationen nicht getan haben, weil wir im Westen Bewegungsfreiheit, Redefreiheit haben, und wir respektieren die Aspekte der Schlußakte – aber dadurch, daß sie die Schlußakte in ihren Parteiorganen veröffentlicht haben, wurde dieses Dokument tatsächlich buchstäblich zu einem Bestseller im Osten, und dies war eine der seltenen Gelegenheiten, bei denen die Zentralorgane der Kommunistischen Partei wie die »Prawda« und »Neues Deutschland« in jenen Tagen ausverkauft waren.

Ich kenne eine Menge Leute in Ostdeutschland, die stets mit der Schlußakte in der Tasche herumlaufen und immer, wenn sie sich an einen kommunistischen Funktionär wenden und eine Abfuhr erhalten oder sich nicht fair behandelt fühlen, die Schlußakte aus der Tasche ziehen. Sie sagen dann: »Herr Honecker hat die Schlußakte unterzeichnet und hier ist sie, und sie besagt das und das, und stehen Sie nun dazu oder nicht?«

Case: Glauben Sie, daß dies in Rußland ebenso wie in Ostdeutschland der Fall ist?

Loewe: Von dem, was ich von meinen Kollegen lese und höre, gilt das auch für Rußland. Es gibt die Helsinki-Gruppen ebenso wie es Menschenrechts- und Helsinki-Gruppen in den baltischen Staaten gibt, es gibt sie in der Sowjetunion und im ganzen Ostblock.

Case: Aber wie ist es mit dem Mutterland und Zentralrußland?

Loewe: Das weiß ich nicht. Senator, ich muß sagen, ich kenne nicht alle Details in Zentralrußland.

Case: Kann ich eine andere Frage stellen?

Fascell: Ja, Sir, bitte.

Case: Was ist Ihre Meinung über die Sender – sind sie nützlich und werden sie gehört?

Loewe: Welche meinen Sie?

Case: »Radio Liberty« und »Radio Free Europe«.

Loewe: Ich habe in Deutschland – in Ostdeutschland nicht die Programme von »Radio Liberty« verfolgt – Ich meine die nichtdeutschsprachigen – nicht-deutschen Sender der Vereinigten Staaten. »RIAS«, den USIA-Sender habe ich bereits erwähnt. Er ist außerordentlich effektvoll. Ich glaube, »RIAS« ist eine Hauptinformationsquelle im Osten. Er ist wichtig, und er wird gehört, und die »Voice of America« ebenfalls.

Ich glaube, die Programme sind wichtig, und Millionen von Menschen hören sie in allen Teilen des Ostblocks. Ostdeutschland ist ein Sonderfall, und wir erreichen mit dem Deutschen Fernsehen 80 % des Territoriums, aber in Polen und der Tschechoslowakei und Rumänien und in der Sowjetunion bis hinauf nach Sibirien und wo immer Leute leben, sogar Usbekistan eingeschlossen – sind die westlichen Rundfunkprogramme sehr wichtig. Wir waren einmal auf einer Reise nach Taschkent, und ich glaube, daß das die Zeit war, als Solschenizyn den Nobelpreis erhielt. Die Leute hatten diese Nachricht von der »Voice«, und binnen 24 Stunden redeten Russen mit mir darüber.

Senator, kann ich Ihre Aufmerksamkeit auch auf das Problem lenken, das in den nächsten zehn Jahren auf uns zukommt. Es ist die Frage des Satellitenfernsehens. Ich glaube, daß das Satellitenfernsehen ein sehr wichtiger Faktor sein wird, und die westlichen Länder sollten alles unternehmen, daß das Satellitenfernsehen nicht gestört wird. Wir sollten die Möglichkeit haben, Satellitenfernsehen als ein freies Informationsmittel zu benutzen. Es ist sehr wichtig.

Case: Danke, Mr. Chairman.

Fascell: Lassen Sie mich etwas fragen. Gestern berichtete die US-Presse über Maßnahmen seitens der DDR-Regierung, die, wenigstens, was Helsinki betrifft, sehr entgegenkommend zu sein scheinen. Was meinen Sie dazu?

Loewe: Ich habe den Bericht in der »Washington Post« gelesen, und nach meiner Erfahrung in der DDR würde ich es begrüßen, wenn die DDR-Regierung mehr Toleranz zeigte und es ostdeutschen Bürgern gestattete, auch Amerikaner zu heiraten und Familienzusammenführungen gestattete. Ich halte das für einen Fortschritt.

Aus meiner eigenen Erfahrung kenne ich den Fall eines jungen Amerikaners, der in West-Berlin lebte und sich mit einer sehr attraktiven und hübschen jungen ostdeutschen Frau verlobte. Es hat drei Jahre gedauert, bis das Mädchen herauskam. Die amerikanische Botschaft in Ost-Berlin hat geholfen, und ich versuchte, dem Paar Ratschläge zu geben, und schließlich ist es ihnen gelungen herauszukommen. Ich glaube, dies ist ein Schritt in die richtige Richtung, und wir können nur hoffen, daß Herr Honecker und die DDR-Führung in dieser Richtung weitermachen. Ich glaube, daß dies sicher ein gutes Beispiel ist, aber die DDR-Führung hat die Konferenz von Belgrad im Auge, und ich hoffe, daß andere Nationalitäten – nicht nur Amerikaner, sondern auch Westdeutsche, Briten, Schweizer, Australier und Kanadier – dieselben Vorteile genießen dürfen und daß die Ostdeutschen sich in diese Richtung bewegen. Wir können nur hoffen, daß die anderen Blockländer dasselbe tun. Es ist ermutigend, daß die Ostdeutschen bereit sind, den Vereinigten Staaten gegenüber in dieser Weise zu verfahren.

Fascell: Es scheint in der Tat so, daß sie alles unternehmen, was sie können, um sich darauf vorzubereiten – um sich auf Belgrad vorzubereiten, und ich glaube, das ist eine vernünftige Annahme.

Loewe: Ja.

Fascell: Ich möchte Ihnen sehr danken, Mr. Loewe, für Ihre Aussage hier. Es ist eine Freude für uns, Sie hier zu haben, und Sie haben einen sehr wichtigen Beitrag zum Protokoll dieses Komitees geleistet und zur Verwirklichung der Konferenzbeschlüsse von Helsinki.

Loewe: Danke.

Die Ausweisungsverfügung

ARD-Fernsehkorrespondenten Akkreditierung entzogen

Berlin, 22. Dez. 76 ADN – Dem Korrespondenten der BRD-Fernsehanstalt ARD, Lothar Loewe, wurde am 22. 12. 1976 wegen gröbster Diffamierung des Volkes und der Regierung der Deutschen Demokratischen Republik, wegen schweren Verstoßes gegen die Rechtsordnung der DDR, gegen die »Verordnung über die Tätigkeit von Publikationsorganen anderer Staaten und deren Korrespondenten in der DDR« vom 21. 2. 1973 und wegen grober Einmischung in die inneren Angelegenheiten der DDR die Akkreditierung entzogen.

Am 21. 12. 1976 hat Loewe in einem Kommentar für seine Fernsehanstalt wider besseres Wissen die unerhörte Verleumdung verbreitet, in der DDR haben »die Grenztruppen den strikten Befehl, auf Menschen wie auf Hasen zu schießen«. Darüber hinaus hat sich Loewe in diesem Kommentar in grober Weise mit weiteren lügnerischen Behauptungen in die inneren Angelegenheiten der DDR eingemischt.

Obwohl Loewe bereits wiederholt wegen ähnlicher feindseliger Handlungen und Äußerungen gegen die DDR, deren staatliche Organe und Bürger verwarnt worden ist, hat er mit seiner neuesten Handlungsweise vom 21. 12. 1976 erneut vorsätzlich und böswillig die Rechtsvorschriften der DDR verletzt.

Loewes Aktivitäten richteten sich gegen den Vertrag über die Grundlagen der Beziehungen zwischen der Deutschen Demokratischen Republik und der Bundesrepublik Deutschland und gegen die Entwicklung normaler gutnachbarlicher Beziehungen zwischen beiden Staaten. Sie stehen im Widerspruch zum Briefwechsel zwischen der DDR und der BRD über die Arbeitsmöglichkeiten für Journalisten. Seine Handlungen befinden sich im schroffen Gegensatz zur Schlußakte der Konferenz von Helsinki.

Im Interesse normaler Beziehungen zwischen der DDR und der BRD hatte die DDR der ARD bereits vor geraumer Zeit nahegelegt, Loewe von seiner Funktion abzuberufen.

Statt dessen setzte Loewe seine feindselige Tätigkeit fort.

Bürger der DDR haben wiederholt bei staatlichen Organen der DDR angefragt, wie lange man sich noch diese ständigen Verleumdungen, Einmischungsversuche und Gesetzesverletzungen Loewes bieten lasse. Es handelt sich bei ihm nicht um eine sachliche journalistische Tätigkeit, nicht um unterschiedliche politische Meinungen, sondern um Diffamierung der DDR und vorsätzliche Störversuche gegen die Entspannung.

Loewe wurde im Außenministerium der Deutschen Demokratischen Republik mitgeteilt, daß er das Territorium der DDR innerhalb von 48 Stunden zu verlassen hat.

Die Leitung der ARD wird davon in Kenntnis gesetzt, daß sie die Möglichkeit hat, das ARD-Büro in der Hauptstadt der Deutschen Demokratischen Republik, Berlin, mit einem neuen Fernsehkorrespondenten zu besetzen.

»Neues Deutschland« druckte (sechs Tage nach L. Loewes Ausweisung) am 30. 12. 1976:

„Rudé Právo", Prag:

„Nicht Loewe, sondern Hyäne"

Kommentar von Vitezslav Havlicek

In diesen Tagen haben die zuständigen Organe der DDR dem Berliner Korrespondenten des westdeutschen Fernsehens L. Loewe die Akkreditierung entzogen. Ich bin bei meiner Arbeit in der DDR oft mit diesem Korrespondenten zusammengetroffen. Wir waren zusammen auf vielen Exkursionen, und ich konnte mich davon überzeugen, daß er die gleichen Arbeitsbedingungen hatte wie ich und daß er auch sah, wie die Menschen in der DDR leben. Es läßt sich nicht abstreiten, daß Loewe über reiche journalistische Erfahrungen verfügt. Er arbeitete als Korrespondent in den USA und in der Sowjetunion. Zwar ist es mir nicht möglich gewesen zu verfolgen, wie er damals gearbeitet hat. Jetzt aber konnte ich mich nicht genug wundern über das, was er sich ausdachte.

Er hatte Gelegenheit — wie jeder andere von uns, die wir in der DDR als Korrespondenten arbeiten —, mit jedermann zu sprechen. Oft, das habe ich selbst gesehen, haben ihm Genossen aus den sozialistischen Ländern den Vorrang eingeräumt.

Ich erinnere mich zum Beispiel an eine Sendung Loewes während der Wahlen zur Volkskammer. Längst war die Massenbeteiligung an diesen Wahlen klar, aber er behauptete ohne Rücksicht auf die Tatsachen, daß die Bürger der DDR durch Boykott der Wahlen ihre Ablehnung der Kandidaten der Nationalen Front und der Politik der Sozialistischen Einheitspartei Deutschlands zum Ausdruck brächten.

Ähnliche Beispiele gab es viele. Schon mehrere Male hatte man aus dem Westen selbst gemeldet, daß der Korrespondent des westdeutschen Fernsehens nach dieser oder jener Sendung nun ausgewiesen und das ARD-Büro in der DDR geschlossen werde.

Ohne Rücksicht darauf, was Loewe sah, versuchte er, die DDR in solchem Lichte zu zeigen — das stellte mit Anerkennung ein Springer-Blatt fest —, wie die Gegner der Entspannung sie sehen wollten: als ein Land mit unzufriedenen Menschen und zerrütteter Wirtschaft. Auf Fakten nahm er dabei keine Rücksicht. Der Wunsch war das Entscheidende.

Die Organe der DDR hatten lange, zu lange Geduld, doch schließlich blieb nur die Möglichkeit einer radikalen Lösung. Die Beschlüsse von Helsinki darf niemand mißbrauchen. Man kann sich nicht auf die „Freiheit des Wortes" berufen und mit der Geste des „Helden" Lügen oder verzerrende Halbwahrheiten melden. Die ARD hat die Möglichkeit, einen anderen Korrespondenten an Loewes Stelle zu entsenden, dieser aber sollte die Grundsätze respektieren, die für die Arbeit der Korrespondenten in der Deutschen Demokratischen Republik gelten.

Hans Jürgen Baden

Rechtfertigung des Bürgers

Ullstein Buch 653

Der Bürger gilt als Sünden-
bock unseres Zeitalters, seine
politische Verdächtigung ist
an der Tagesordnung. Das
Buch unternimmt es, den
Bürger gegenüber solchen
Nachstellungen und Karrika-
turen zu rechtfertigen.
Das Bild des Bürgers
erscheint hier frei von
ideologischer Vorein-
genommenheit, seine alter-
losen Konturen werden
eindringlich nachgezeichnet.
Der Bürger repräsentiert —
geschichtlich wie religiös —
eine Gestalt, ohne die diese
Epoche ihre wesentlichen
Probleme nicht zu lösen
vermag.

ein Ullstein Buch

Jean François
Revel

Die totalitäre
Versuchung

Ullstein Buch 655

Sensationelles Interesse nicht
nur in Europa erregte die
Streitschrift des Sozialisten
Revel, der zu den führenden
Köpfen der französischen
Linken gehört. Der geheime
Wunsch, totalitär regiert zu
werden, die Versuchung,
gewaltsam zu herrschen, sind
die Fundamente, von denen
dieses leidenschaftliche
Plädoyer gegen eine Allianz
der Sozialisten mit den
Kommunisten ausgeht:
»Denn einen Kommunismus
mit menschlichem Gesicht
gibt es nicht.«

ein Ullstein Buch

PROPYLÄEN WELT- GESCHICHTE

Herausgegeben von Golo Mann, Alfred Heuss und Alfred Nitschke

22 Taschenbuch- bände in Kassette Ullstein Buch 4720

Der Text der Taschenbuch- ausgabe ist identisch mit dem der weltberühmten Univer- salgeschichte
Die PROPYLÄEN WELT- GESCHICHTE im Taschen- buch umfaßt 9032 Seiten, davon 1022 Seiten mit ein- farbigen Abbildungen, dazu Karten und Faksimiles.

»Ein Werk, das unseren geschichtlichen Horizont durch neue Perspektiven bereichert.«
Peter Stadler, DIE TAT, Zürich

ein Ullstein Buch

Wege
der deutschen
Literatur

Eine geschichtliche
Darstellung

von
Hermann Glaser,
Jakob Lehmann,
Arno Lubos

Ullstein Buch 323

Die Darstellung gibt — unter Einschluß sachlicher literarhistorischer Information — ein anschauliches Bild vom geschichtlichen Werden der deutschen Literatur, wie es sich auf die vielfältigste Weise im Laufe der Jahrhunderte vollzog. Entscheidend war das Bemühen, im jeweiligen dichterischen Beitrag gleichzeitig ein die Epoche sowie den Dichter charakterisierendes Beispiel und eine allgemein — wenn auch oft nur bedingt — gültige menschliche Aussage zu haben.

ein Ullstein Buch

Günter Dietel

Reiseführer für Literatur- freunde II

Mittel- und Ost- deutschland

Ullstein Buch 4044

Der Band führt 295 Städte und Ortschaften — alpha- betisch geordnet — in Mittel- und Ostdeutschland mit literarischer Vergangenheit und Gegenwart auf. Mit einem Blick kann der Leser übersehen, welche Dichter und Philosophen mit einer Landschaft, mit einem Ort verbunden waren, dort gelebt und gearbeitet haben. Lebensdaten, Museen, Gedenkstätten und die Ein- drücke der jeweiligen »Bewohner« werden genannt und zitiert. Ein Autoren- und Sachregister sowie acht Karten sind zur raschen Orientierung und Übersicht beigegeben.

ein Ullstein Buch